U0106444

JPC

篳路藍縷：香港近代簡史

蕭國健 著

自序

近年，粵港澳大灣區（簡稱大灣區）蓬勃發展，該區包括廣東省九個相鄰城市：廣州、深圳兩個副省級市，珠海、佛山、東莞、中山、江門、惠州、肇慶七個地級市，香港與澳門兩個特別行政區。香港地區納入大灣區，未來將另有一番發展。

際此歷史嬗變時期，吾人有必要進一步認識香港之歷史、文化、古蹟、文物、社會風俗及民間信仰，以探究歷史之走向，認識前人之辛勞，激發愛國愛鄉之熱情，增強民族自信心與自豪感，從而利於日後之社會建設。

今年初，三聯書店給我提出了一個出版計劃，就是將筆者作品編為一套集子。我覺得這個建議很有意義，所以馬上接受了出版社的好意。這套集子將涵蓋香港地區之歷史、文化、古蹟、文物、社會風俗及民間信仰等方面內容，冀能成為有價值之文化積累。

蕭國健

2022 年仲冬月於顯朝書室

目錄

前言

殖民歲月的來臨 CHAPTER 01

太陽旗下的黑暗時期 CHAPTER 02

開埠以後香港的社會發展 CHAPTER 03

開埠以後香港的治安與軍事 CHAPTER 04

開埠以後香港的重要行業 CHAPTER 05

開埠以後香港的不同族裔 CHAPTER 06

開埠以後香港的外來宗教 CHAPTER 07

開埠以後的香港史名家 CHAPTER 08

附錄

前言

香港位於粵東南面濱海，自古為輋、傜等土著居停之所，他們多以漁、樵、農、獵為業。唐宋年間（618–1279），中原多故，北人相繼南遷定居，以本土山水優美、土地肥沃，遂發展煮鹽及種香產業。人多以為英人來港時，香港只為一小漁村。但早在英人東來之前，港島已有村落十數，新界村落且多至三百餘。

1842 年香港島開埠，其時寇患及天災頻繁，而且華洋間摩擦頗多，惟歷半世紀之合作和發展，至 20 世紀三四十年代，香港已發展為商業名城。惜 1941 年 12 月日軍襲港，守軍雖奮勇頑抗，終因寡不敵眾，全境淪陷，遂致三年零八月的黑色（暗）日佔時期。1945 年香港重光，進入新的發展階段。至 1980 年代，香港已成為國際金融中心。1997 年 7 月，香港回歸中國，成為特別行政區。

本書目的是介紹香港、九龍開埠及新界租借經過，港島維多利亞城發展，開埠初期香港所遇到的種種問題，20 世紀初期的社會及經濟發展，中港兩地政治及經濟互動關係，1941 年日軍襲港及其後三年零八月日佔情況和 1945 年香港重光經過等等。

余近十多年來於各大專院校從事香港歷史教學，開設香港古代史及香港近代史課程；古代史講授 1842 年前的香港歷史，十多年前香港中華書局已另書出版，近年且有再版增訂。

本書出版至今已經十年，現作再版增訂，題名為《篳路藍縷：香港近代簡史》。蒙友好之幫助，特此致謝。書中不足之處，敬希賜正。

蕭國健
2024 年初春月於顯朝書室

CHAPTER 01

※殖民歲月的來臨

香港開埠

鴉片貿易與清廷禁煙

清朝自康、雍、乾盛世（1661–1796）後，到 19 世紀初期，已呈衰象。英國自東印度公司成立後，開始積極拓展遠東貿易。18 世紀末期，隨著生產技術提高、工業產量大增，英國急需拓展海外市場，中國人口眾多，自然成為其傾銷商品的對象。但中國經濟向來自給自足，素視貿易為嘉惠外人的賞賜。清廷於 1757 年規定廣州一口對外通商，限定洋人一切商業貿易須由中國行商組織公行代理。為了改善及拓展對華貿易，全面開放中國市場，英廷曾三次派遣使節團來華，均無功而還。1834 年，東印度公司對華貿易專利權被廢止，散商活動於是日趨活躍。

鴉片俗稱大煙，是由罌粟汁液提煉製成，具有強烈的麻醉功能，但易吸食成癮。18 世紀末期，英國及一些西方商人，以麻醉、鎮痛藥物的名目，開始從印度向中國輸入鴉片。由於英國商品在華滯銷，需要每年向中國購買大量的茶葉、絲綢等貨物，以致中英貿易出現嚴重逆差。英國在 1757 年佔領印度鴉片產地孟加拉後，鴉片遂為英商打破貿易逆差的貨品，澳門與黃埔兩地更成為鴉片貿易據點。

道光年間（1820–1850），鴉片大量流入中國，其時，囤積鴉片的躉船，多停泊於伶仃島一帶水域，伺機偷運鴉片入尖沙咀，再轉運廣東沿海各地。時國內吸食者日益增加，為向英商大量購買鴉片，致大量白銀外流，國庫空虛，遂促成中英兩國爆發軍事衝突。早於 1806 年，林則徐（1785–1850）在廈門已目睹鴉片輸入的禍害，故後來於江蘇巡撫與湖廣總督任內，倡議禁煙，並配製戒煙藥方，協助煙民戒煙。

1821 年，清廷嚴禁鴉片買賣，大批鴉片躉船遂轉移據點，停泊在珠江口附近的伶仃洋，經走私快艇運鴉片至廣州出售。1839 年，林則徐任欽差大臣，赴廣州主理禁煙。林則徐抵粵後，勒令外商全數繳交鴉片，並嚴令外商具結，保證不再向華輸入鴉片。結果，外商共繳鴉片煙土 20,283 箱。6 月 3 日，林則徐下令將鴉片於虎門灘畔全數銷毀。

鴉片戰爭與英人佔領港島

在無計可施下，英國駐華商務總監義律（Charles Elliot, 1801–1875）惟有率英商離開廣州，到九龍尖沙咀附近船上居停。中國禁煙消息傳到英國後，英國資本家紛紛要求訴諸武力，英廷於是借機侵略中國。1839 年 7 月 7 日，英國海軍軍官在九龍尖沙咀村醉酒毆斃村民林維喜，清廷令英人交出兇手，為義律所拒，中英兩國關係惡化，最終爆發鴉片戰爭。9 月及 11 月，英國兵船向九龍山清兵索取糧水不果，中英兩軍遂於九龍山與官涌交戰，史稱九龍之戰，清軍原初略勝，最後戰敗。

1840 年 6 月，英國增兵中國，40 多艘兵船陸續開抵廣州海面，封鎖珠江口。兩廣總督林則徐在廣州備戰，加強防禦，英國侵略軍無隙可乘。6 月 30 日，英軍北上侵犯廈門，被閩浙總督鄧廷楨（1776–1846）督師擊退。7 月 5 日，英軍攻佔舟山群島的定海後，繼續北上逼近天津，並於 8 月 9 日侵入天津白河口，逼近京城，要挾清廷談判，提出割地、賠款等無理要求。為平息干戈，清廷罷免林則徐，派琦善（1790–1854）議和，於是英軍撤退至廣東進行交涉，但談判不果。11 月，英軍回師攻佔穿鼻、沙角。

1841 年 1 月，英軍佔據沙角，義律單方面宣佈《穿鼻草約》，交還定海，奪取舟山。26 日，英軍在香港島水坑口登陸，並佔領香港全島。英國人稱此登陸地點為佔領角（Possession Point），即今上環水坑口街附近。今天，水坑口街稱 Possession Street，從中可見這段歷史的痕跡。此外，英軍統帥砵甸乍（Henry Pottinger, 1789–1856）成為香港首任港督，今中環有以他名字命名的砵甸乍街。

開埠初期的英國遠東商務大臣住所，後改作法國外方傳道會大樓，曾為終審法院。

現在的水坑口街

《穿鼻草約》既未為清廷接受，亦不能滿足英廷所需，戰事遂進一步升級。時清廷改以奕山（1790–1878）代替琦善，英軍則以砵甸乍接替義律，出任英國駐華全權代表。2月，砵甸乍發動全面戰爭，佔珠江各炮台，5月攻陷廣州城。30日，廣州三元里群眾英勇抗敵，圍困英軍於城北越秀山四方炮台，最後清廷恐防此舉有礙和議，乃令村民解除武備，使英軍得以逃離。8月，英軍佔領廈門。

1842年初，英軍休戰5個月後，再結集兵船北上，6月下旬攻陷吳淞、上海，7月佔領鎮江，8月進逼南京。時道光皇帝（1782–1850，1820–1850在位）見形勢不利，乃接受和議。8月29日，清廷派欽差大臣耆英、伊里布（1772–1843）與砵甸乍在

從山頂遠眺港島北岸及維多利亞港，摘自香港日報社編《香港案內》，1928年再版。

南京下關江面英國軍艦康沃利斯號上簽訂了《江寧條約》，亦即《南京條約》，內容包括割讓香港島予英國。

《南京條約》主要內容為：（1）中國開放廣州、福州、廈門、寧波、上海等五處為通商口岸，准許英國人及所屬家眷在上述五地寄居，同時准許英國派駐領事等官；（2）中國割讓香港島給英國；（3）中國賠償英國的款項總數為 2,100 萬銀元，其中軍費佔 1,200 萬銀元，鴉片費佔 600 萬銀元，商欠佔 300 萬銀元，分 4 年還清；（4）英國商人所應納進出口貨稅、餉費，均宜秉公議定則例；（5）廢除公行制度。

英國在和約簽訂後，利用香港的優越地理位置，進一步擴大鴉片走私活動，導致華南地區的鴉片問題日趨嚴重。

英法聯軍之役（第二次鴉片戰爭）

1842 年香港島英屬後，英人在島上進行各種建設。1844 年，英人於港島對岸尖沙咀處，私自建屋。1847 年清廷建築九龍寨城，以增強防衛。1854 年 8 月，太平軍佔領九龍寨城，日後為香港僱傭兵協助奪回。

同年，英國為進一步擴大其在中國的利益，向清廷要求修訂《南京條約》，開放更多通商口岸及批准鴉片為合法商品，但遭清廷拒絕。其時，英國因恐懼港島對岸九龍半島為他國所奪，威脅香港島的治安及自身的利益。1856 年，遂發生了歷史上著名的亞羅號事件。早在 1855 年，香港政府為了擴大對華走私貿易，頒佈當年第 4 號法例，鼓勵中國船隻在香港註冊登記，使其可獲英國政府庇護。其時，亞羅號為在香港註冊的中國走私船隻，懸掛英國國旗，10 月 8 日，廣州水師偵知亞羅號為走私船隻，登船拘捕 12 名涉嫌走私的船員。英國藉口亞羅號事件中，英旗受辱，遂派兵佔領九龍半島南端。

亞羅號事件後，英國領事巴夏禮（Harry Smith Parkes, 1828–1885）及港督寶靈（John Bowring, 1792–1872）將事情擴大，派出英國艦隊進攻廣州，作出挑釁。廣州居民大感憤慨，遂焚燬廣州城外的外國商館，英人便以此為出兵藉口，其時，法國亦以其傳教士於廣西被殺為理由，出兵中國，是為英法聯軍之役。當時，新安縣士紳在明倫堂聚會，他們同仇敵愾，號召抵制英人。於是，居港的中國同胞紛紛離港回鄉，商人亦結束業務，鄰近地區不供應糧食和蔬菜給香港，又禁止售賣糧食給英商，更有人在英人麵包中下毒。

1857 年 4 月，英軍入九龍寨城，虜守將回，後放還。12 月，聯軍攻陷廣州，虜兩廣總督葉名琛（1807–1859）。1858 年 1 月，聯軍抵天津大沽口外。5 月，大沽口炮台失陷。英法聯軍佔領天津，並揚言進攻北京。6 月，清廷被逼簽訂《天津條約》後，聯軍才交還大沽口。

《天津條約》主要內容為：（1）外國公使常駐北京，與清政府外交往來用平等禮節；（2）增開牛莊（後改營口）、登州（後改煙台）、台灣（後選定台南）、淡水、潮州（後改汕頭）、瓊州、漢口、九江、南京、鎮江等 10 個通商口岸；（3）外國人可以到內地遊歷、通商、傳教；（4）外國商船和軍艦可往來於各通商口岸；（5）修改稅則，實行所謂的 2.5% 子口稅，免交其他內地稅；（6）邀請英人幫辦稅務，中國各海關均任用外國人為稅務司；（7）允許鴉片公開買賣，鴉片進口以洋藥之名課稅，每百斤納稅銀 30 兩；（8）賠償英國軍費和英商損失銀 400 萬兩，另賠償法國軍費銀 200 萬兩；（9）條約經締約雙方政府批准，於一年後在北京互相換約。

1859 年 3 月，英人強租九龍半島南端尖沙咀。6 月，英、法、美公使乘船北上，赴京換約。因拒絕於清廷指定的北塘登陸，經天津往北京換約的安排，堅持以艦隊經大沽口溯白河進京，並限期大沽撤防。25 日，英法聯軍突襲大沽口炮台，中國守軍奮起反擊，聯軍傷亡慘重。其後英法兩國政府增派軍艦 200 多艘、軍隊 16,000 多人進行反攻。1860 年 7 月底，英法聯軍抵大沽口，8 月佔領大沽、天津。9 月上旬，由天津進犯北京。時清廷因國內受太平天國威脅，無力對外作戰，清軍潰敗。9 月 22 日，咸豐皇帝（1831–1861，1850–1861 在位）帶領后妃及官員，以「木蘭秋獮」為名，倉皇逃往熱河。聯軍入京後，洗劫及焚燬圓明園。10 月 24 日、25 日，清廷被逼與英法兩國分別交換《天津條約》文本，並訂立中英、中法續增條約，是為《北京條約》。1861 年 11 月 14 日，中俄簽訂《北京條約》。

《北京條約》與割讓九龍半島

1860 年 10 月 28 日，咸豐皇帝於承德避暑山莊西暖閣被逼簽准同英、法、俄的《北京條約》，將九龍半島南端（今界限街以南），包括昂船洲在內，均割讓予英國，併入香港界內。

《北京條約》主要內容為：（1）開天津為商埠；（2）割讓九龍半島南端給英國；（3）准許西方國家招募中國窮苦人民出洋做苦工；（4）償還從前沒收的法國天主教堂財產，允許法國傳教士租買田地，自建教堂；（5）賠償英法軍費各增加為銀 800 萬兩，從海關稅收內扣交。

1861 年 1 月 19 日，中英雙方代表在今界限街舉行政權交接儀式。當時，英方代表有英軍總司令額爾金（E. Elgin, 1811–1863）、英國駐廣州領事巴夏禮、港督夏喬士・羅便臣（Hercules Robinson, 1824–1897）夫婦、署理香港按察司亞當斯（W. K. Adams）等。所謂「九龍」，就是當時粵東九龍司負責管轄的地區，九龍半島界限街以南，連西面昂船洲的土地，面積約 10.6 平方公里。故今界限街實為當年九龍與新界的分界，界限街以南的九龍屬英國管治，界限街以北的地區則為中國領土。這便是該分界線稱為界限街的由來。

《展拓香港界址專條》與租借新界

九龍半島割讓後，中英兩國以今界限街為界，但英人以界限街無險可守，認為有擴展邊界的必要。1894 年，中日甲午之戰爆發，清軍戰敗，翌年，日本獲台灣及澎湖列島，法國獲中越邊界通商特權。1896 年，俄國獲於東北建鐵路，及於戰時將軍艦開入中國各海港的特權。1897 年，德國租借膠州灣，為期 99 年。

1898 年 6 月 9 日，清廷終被逼簽訂《展拓香港界址專條》，將沙頭角海至深圳灣最短距離直線以南、九龍半島以北廣大地域、附近 200 多個離島及大鵬灣與深圳灣水域，租借予英國，為期 99 年，於 7 月 1 日實施。該租借地範圍佔新安縣面積三分之二。時租界內有九龍寨城，兩國同意其屬中國土地，不在租借地範圍。

大埔林村之戰

《展拓香港界址專條》簽訂後，英人於 1899 年 3 月派員到新界立樁定界，測量土地，登記人口。27 日，英方在未事先通知清政府之下，派遣香港警隊首長梅含理（Francis Henry May, 1860–1922）前往大埔搭設警棚。時新界居民不滿英人統治，為保衛家園，紛紛起來反抗。29 日，鄧氏父老鄧朝儀、鄧芳卿等在村鄧氏宗祠集會，堅決反對英人接管。4 月 10 日，新界鄉民於元朗成立太平公局，負責指揮及統籌抗英事宜。15 日早上，梅含理和輔政司駱克（J. Stewart Lockhart, 1858–1937）率領軍警百餘人進入大埔，遭數千鄉民埋伏攻擊，升旗蓆棚被焚燬。16 至 18 日，村民於大埔林村一帶開挖坑塹，與英軍展開激戰，惟因缺乏組織及訓練，加上武器落後，無統一指揮，故為訓練有素及裝備優良的英軍所敗。當英軍攻至錦田吉慶圍時，以大炮轟開鐵門，殺害不少無辜鄉民。負責指揮作戰的英國軍官，為顯功勳，竟把吉慶圍鐵門視作戰利品，運返英國蘇格蘭。1924 年，鄧族父老向當時的港督司徒拔（Reginald Edward Stubbs, 1876–1947）作出呼籲，請英人歸還吉慶圍鐵門。經多方查證，終於在 1925 年 5 月 26 日正式歸還，並於原位安裝。

5 月 16 日，英軍強佔九龍寨城、深圳及沙頭角，11 月 13 日於深圳及沙頭角撤軍，惟九龍寨城則未有交回。至此，整個新界地區正式歸香港政府管治。其後，英人與村民協商，新界村民仍過著農村生活，一切民生及習俗，仍依中國傳統。

自是，香港島、九龍半島、新界及 235 個離島接受英國殖民管治，簡稱香港。

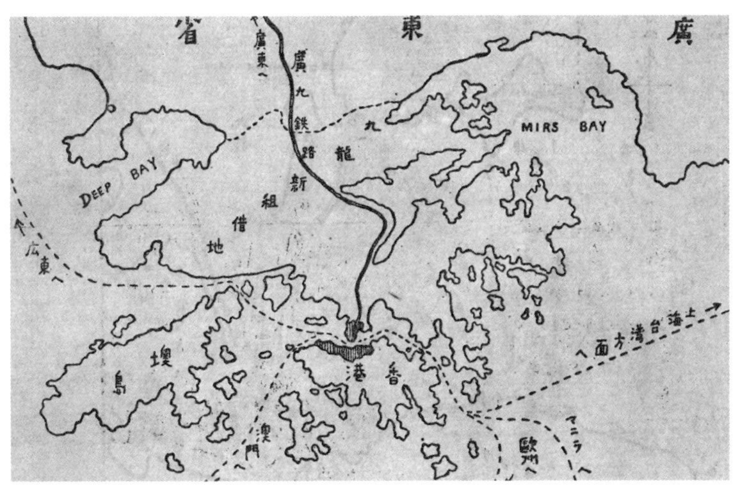

香港全圖，摘自香港日報社編《香港案內》，1928年再版。

新界租借界址與界碑

《展拓香港界址專條》

1898年，英國向中國租借新界及離島各地，是年6月9日（光緒二十四年四月二十一日），清廷與英人於北京訂定《展拓香港界址專條》（《專條》）。全文如下：

> 溯查多年以來，素悉香港一處非展拓界址不足以資保衛。今中英兩國政府議定大略，按照黏附地圖，展擴英界，作為新租之地。其所定詳細界線，應俟兩國派員勘明後，再行劃定，以九十九年為限期。又議定，所有現在九龍城內駐紮之中國官員，仍可在城內各司其事，惟不得與保衛香港之武備有所妨礙。其餘新租之地，專歸英國管轄。至九龍向通新安陸路，中國官民照常行走。又議定，仍留附近九龍城原

位於馬灣的九龍關借地七英尺界碑

舊碼頭一區，以便中國兵商各船、渡艇任便往來停泊，且便城內官民任便行走。將來中國建造鐵路至九龍英國管轄之界，臨時商辦。又議定，在所展界內，不可將居民迫令遷移，產業入官，若因修建衙署、築造炮台等官工需用地段，皆應從公給價。自開辦後，遇有兩國交犯之事，仍照中英原約、香港章程辦理。查按照黏附地圖所租與英國之地內有大鵬灣、深圳灣水面，惟議定，該兩灣中國兵船，無論在局內、局外，仍可享用。

此約應於畫押後，自中國五月十三日，即西曆七月初一號開辦施行。其批准文據應在英國京城速行互換。為此，兩國大臣將此專條畫押蓋印，以昭信守。此專條在中國京城繕立漢文四份、英文四份，共八份。

大清國太子太傅、文華殿大學士一等肅毅伯李（鴻章），經筵講官、禮部尚書許（應騤）

大英國欽差駐紮中華便宜行事大臣竇（納樂）

光緒二十四年四月二十一日

西曆一千八百九十八年六月初九日

該專約所附地圖，對中英兩國界限僅劃一直線，並未詳細規定。

《香港英新租界合同》

1899年3月19日（光緒二十五年二月初八日），雙方於香港再訂《香港英新租界合同》（《合同》）。其文云：

北界始於大鵬灣英國東經線114度30分潮漲能到處，由陸地沿岸，直至所立木樁接近沙頭角（即土名桐蕪墟）之西，再入內地不遠，至一窄道，左界潮水平線，右界田地，東立一木樁，此道全歸英界，任兩國人民往來。由此道至桐蕪墟斜角處，又立一木樁，直至目下涸乾之寬河，以河底之中線為界線，河左岸上地方歸中國界，河右岸上地方歸英界。沿河底之線，直至逕口村大道，又立一木樁於該河與大道接壤處，此道全歸英界，任兩國人民往來。此道上至一崎嶇山徑，橫跨該河，復重跨該河，折返該河，水面不拘歸英歸華，兩國人民均可享用。此道經過山峽，約較海平線高五百英尺，為沙頭角、深圳村分界之線，此處復立一木樁，此道由山峽起，即為英界之界線，歸英國管轄，仍准兩國人民往來。此道下至山峽右邊，道左有一水路，達至逕肚村，在山峽之麓，此道跨一水線，較前略大，水由梧桐山流出，約距百碼，復跨該水路，右經逕肚村抵深圳河，約距逕肚村一英里之四分一，及至此處，此道歸入英界，仍准兩國人民往來。由梧桐山流出水路之水，兩國農人均可享用。復立木樁於此道盡處，作為界線。沿深圳河北岸下至深圳灣界線之南，河地均歸英界，其東、西、南三面界線，均如專約所載。大嶼山島全歸界內；大鵬、深圳兩灣之水，亦歸租界之內。

光緒二十五年二月初八日

一千八百九十九年三月十九日

廣東補用道　王存善

香港輔政司　駱檄

見證人　蔡毓山　祺威

勘界及立碑

陸地勘界於 1899 年 3 月 16 至 18 日進行，這一階段，中英兩國依據《專條》對「新界」北部陸地界限進行了勘查。16 日，中方代表王存善（1849–1916）會同英方代表駱克及隨行人員，出發勘定自深圳河源頭，到沙頭角西邊大鵬灣的界限，沿線豎立木界樁，樁上書寫：「大清國新安縣界。」18 日，新界北部陸地勘界完成。

1905 年，這些木質界樁被港府工務局換作石質界碑。這些石質界碑以中英文字陰刻於界碑兩側：中文字朝向中方，刻文為「光緒二十四年，中英地界，第 X 號」；英文字朝向英方，刻文為「ANGLO–CHINESE BOUNDARY, 1898, No.X」。

1902 年，英國海軍會同清朝海軍，對「新界」所屬海域進行了勘查，並於接近界限的陸地上，豎立邊界碑石。

中英立碑產生了甚麼問題

據《專條》所附地圖：其北界為北緯 22 度 9 分，東界為東經 114 度 30 分，西界為東經 113 度 52 分。因大嶼山西端一角，位於東經 113 度 52 分以外，故特作「大嶼山全歸界內」的聲明。

《合同》簽字後，港英當局藉口其有「潮漲能到處」數字，遂經常派船闖入大鵬、深圳兩灣自北面入海各河流的河口，甚而遠及各內河沿岸的一些村莊，詭稱此等地方為「潮漲能到」之處，英方「有權」前往。為此，清政府和港英當局屢次發生爭執。至 1901 年 5 月 31 日，英國駐廣州總領事司格達（Benjamin C. G. Scott）才按照港督卜力（Henry Arthur Blake, 1840–1918）的意見，照會兩廣總督陶模（1835–1902），謂：「新租界水面英國之權至何處一事，…… 本港政府並不認為英權可至流入海灣之河港，與流入租界深圳河之河港，但可至各海灣潮漲能到之處，與深圳河全河至北岸潮漲能到之處耳。至於流入各海灣及流入租界深圳河之各河港，本港政府甚願於各該河港口，由此岸漲潮能到之處，至對岸漲潮能到之處，劃一界線，為英國權所至之止境。…… 本總領事查香港總督文內有『深圳全河至北岸』一語，自是指租界內之深圳河至陸界相接之處為止。」對此，陶模咨文總理衙門稱，「英港總督謂英權不能至流入海灣之河港，與

位於沙頭角的第1號中英界石（中文）

位於沙頭角的第1號中英界石（英文）

流入租界內深圳河之河港，尚屬公允。惟謂各海灣潮漲能到之處，於深圳全河至北岸潮漲之處，為英權所可至，語頗寬泛，易滋誤會。嗣後新界各港與華界毗連者，應以沿灣水盡見岸之處為界。其劃歸租界內之深圳河，則仍照王道（即王存善）所訂合約，以北岸為界。所有大鵬、深圳兩灣及租界內之深圳河毗連各河港，俱以口門兩岸相對直線為界」(《光緒朝清季外交史料》，第 113 卷，第 20–21 頁)。與此同時，陶模將此意照覆轉致英方。

這樣，通過雙方交換照會，將新界大鵬、深圳兩灣及與深圳河毗連各河港，俱以「水盡見岸之處」及「口門兩岸相對直線」為界，多年糾葛，至此始得合理解決。

1902 年所立的中英界碑

迄今於大嶼山西部，仍存中英兩國分界石碑兩塊。一塊位於大澳寶珠潭對開一小山上，另一塊位於石壁水塘以西狗嶺涌上。在深圳大鵬西沖大鹿灣山崖上，亦有中英兩國分界石碑一塊。

上述三碑皆立於 1902 年，以中英兩文刻示，惟文中皆謂從「潮漲處」，可見實刻於上述照會之前。其豎立當為未獲中方同意。又大鵬西沖大鹿灣界碑，其英文碑文載，該碑「豎立於 450 呎高」(PLACED 450 FEET ABOVE H.W. MARK)，惟中文碑文則只誌「高出潮漲處□丈□尺」，這是未獲中方協助測算高度所致。

深圳大鵬西沖大鹿灣山崖上所立中英界碑

該界碑呈石筆形，頂尖，基座為方形石塊，長闊皆約 65 厘米，尖頂及基座分開倒臥原位置山下，石筆上無文字，基座三面上刻下列文字，中文碑文直書陰刻，由右向左排行，英文碑文亦為陰刻。

1902

THIS STONE IS IN LONGITUDE 114° 30' 0" E FIXED BY LIEUT. AND COMR. F.M. LEAKE R.N. AND THE OFFICERS OF H.M.S. BRAMBLE FROM HERE THE BOUNDARY LINE EXTENDS DUE SOUTH UNTIL IT MEETS THE PARALLEL OF 22° 9'0" N NORTHWARD THE BOUNDARY FOLLOWS THE SOUTH SHORE OF MIRS BAY

此界石安豎在美士灣之東岸地嘴高出潮漲處□丈□尺免漫濡也即東經線壹佰壹拾肆度叁拾分自此界石正南潮漲處起點西向南至與北緯線貳拾貳度九分會合處向北沿美士灣一帶海岸大英一仟九佰二年管帶霸林保兵艦水師總兵官力會同本艦員弁等勘明界址共立此界石

THIS STONE IS PLACED 450 FEET ABOVE H.W. MARK FOR THE PUROSE OF PROTECTING IT FROM POSSIBLE INROADS OF THE SEA

大嶼山大澳寶珠潭對開小山上所立中英界碑

該界碑呈石筆形，頂尖，基座為方形石塊，長闊皆約 65 厘米，基座三面上刻下列文字，中文碑文直書陰刻，由右向左排行，英文碑文亦為陰刻。

1902

THIS STONE IS IN LONGITUDE 113° 25' 0" E FIXED BY LIEUT. AND COMR. F.M. LEAKE R.N. AND THE OFFICERS OF H.M.S. BRAMBLE FROM HERE THE BOUNDARY LINE EXTENDS DUE NORTH UNTIL IT MEETS THE PARALLEL OF THE SOUTHERN EXTREMITY OF THE NAMTAU PENINSULA SOUTHWARD THE BOUNDARY FOLLOWS THE WESTERN SHORE OF LANTAO ISLAND

此界石安豎在大嶼山北方即東經線壹百壹拾叁度貳拾五分自此界石至北潮漲處起點沿大嶼山西便一帶海岸自北直至南頭防地南角盡處之平線大英一千九百二年管帶霸林保兵艦水師總兵官力會同本艦員弁等勘明界址共立此界石

THIS STONE IS PLACED 38 FEET ABOVE H.W. MARK FOR THE PUROSE OF PROTECTING IT FROM POSSIBLE INROADS OF THE SEA

大嶼山石壁水塘以西狗嶺涌上所立中英界碑

該界碑呈石筆形，頂尖，基座為方形石塊，長闊皆約 65 厘米，基座三面上刻下列文字，中文碑文直書陰刻，由右向左排行，英文碑文亦為陰刻。

1902

THIS STONE IS IN LONGITUDE 113° 52' 0" E FIXED BY LIEUT. AND COMR. F.M. LEAKE R.N. AND THE OFFICERS OF H.M.S. BRAMBLE FROM HERE THE BOUNDARY FOLLOWS THE SOUTHERN SHORE OF LANTAO ISLAND UNTIL IT MEETS A SIMILAR STONE ERECTED AT THE SAME LONGITUDE OF THE NORTH SIDE OF THE ISLAND SOUTHHWARD THE BOUNDARY EXTENDS TO THE PARALLEL OF 22° 9' 0" N

此界石安豎在大嶼山南方即東經線壹百壹拾叁度五拾貳分自此界石正南潮漲處起點沿大嶼山西便一帶海岸直至北緯線貳拾貳度九分大英一千九百二年管帶霸林保兵艦水師總兵官力會同本艦員弁等勘明界址共立此界石

THIS STONE IS PLACED 200 FEET ABOVE H.W. MARK FOR THE PUROSE OF PROTECTING IT FROM POSSIBLE INROADS OF THE SEA

陸地界碑

據《合同》條文顯示，第 1 號界碑位於接近沙頭角（即俗名桐蕪墟，或東和墟）之西，沙欄吓村西側。第 2 號界碑位於左界深圳河潮水平線，右界沙欄吓村田地。六號界碑位於中英街丁字路橫頭街一帶。第 10 號界碑位於深圳河底線直至逕口村大道接壤處，即今中英街關外逕口村處。第 11 號界碑位於沙頭角與深圳村分界處，即今羅沙盤山公路最高處伯公坳。第 12 號界碑位於由梧桐山流出水路的水盡處。另據在逕肚村附近值勤的邊防戰士提供的線索，其於過去在逕肚村五畝地巡邏時，曾看過第 13 號界碑，惜今已不知去向。

2000 年 2 月 21 日，中英街歷史博物館人員，會同《深圳晚報》、廣東省公安邊防六支隊邊境科及香港邊境聯絡官，沿著深港邊境進行「尋訪界碑」活動，目的是了解沙頭角深港邊境中英界碑的準確位置及數量。他們對每塊界碑進行拍照和測量，中英街上共有界碑 8 塊，第 1 至 7 號界碑的距離是 429.11 米，第 8 號界碑在河上。第 9 號和 10 號界碑位於沙頭角逕口村範圍。第 11 號界碑位於伯公坳。惟獨位於逕肚道路盡頭的界碑未有尋獲。

如今，第 1 至 7 號界碑仍置於中英街上，供遊人觀賞。

深圳大鵬城博物館藏1902年所立中英界碑石座

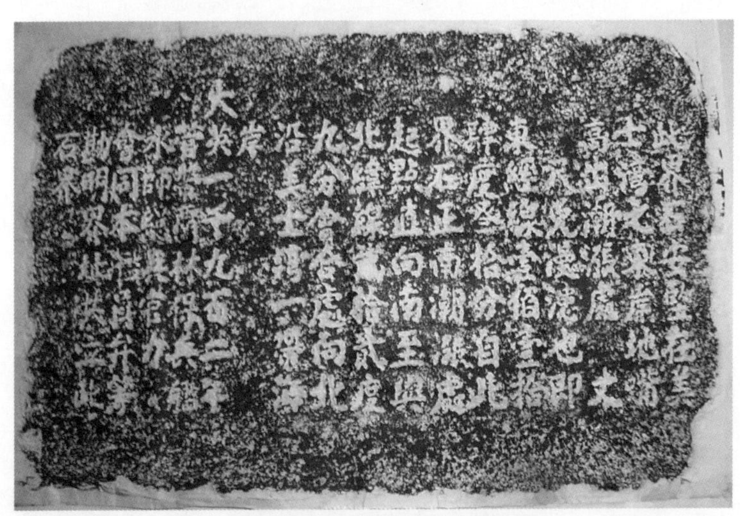
位於大嶼山石壁水塘以西狗嶺涌上1902年所立中英界碑石座中文刻文拓片

位於大嶼山石壁水塘以西狗嶺涌上1902年所立中英界碑

英人如何接收新界地區

1898 年，清廷派大學士李鴻章（1823–1901）與英國公使竇納樂（Claude MacDonald, 1852–1915）訂立《展拓香港界址專條》，[1] 翌年派王存善與港府輔政司駱克共同勘界，並簽訂《香港英新租界合同》，將九龍半島北面土地，南自界限街，北至深圳河，東則由大鵬灣起，西至后海灣，共約 376 平方英里之地，及大嶼山一帶小島，佔當時新安縣土地三分之二的一大片國土，租借予英國，為期 99 年。[2]

1899 年 3 月初，駱克檄諭新界居民，要他們將土地印契呈驗，並有加稅傳聞。27 日，香港警隊首長梅含理率隊前往大埔運頭角（大埔墟泮涌旁一小丘），搭建蓆棚，供警察駐守，準備於該處舉行接管新界儀式。

28 日，新界各鄉村代表雲集元朗屏山達德公所，召開會

元朗屏山達德公所，這是1899年新界村民商討抗英的場所。

議，成立達德約，商議抗英。翌日，各村張貼「抗英揭貼」。[3]

31 日，梅含理巡視運頭角泮涌蓆棚工程，驚見僱工停工逃去，遂向港督卜力報告。4 月 2 日，卜力要求兩廣總督譚鍾麟（1822–1905）向新界居民曉諭，制止其抗英生事。翌日，英國公使亦向北京總理衙門抗議，要求清廷派兵鎮壓。

其時，新界居民於屏山開會商討抗英之事，為奸細吳介璋所洩漏，[4] 各村抗英代表遂改於太和市文武二帝古廟開會，惜仍為港府所偵知，梅含理率警隊前往制止，但為村民所逐，梅含理逃回泮涌警棚，再回港向卜力求援。

4 日，卜力命加士居少將（William Julius Gascoigne, 1844–1926）率兵百名，會同駱克前往大埔。翌日，駱克於新界各處張貼兩廣總督府所頒曉諭告示，於 7 日公佈接管新界儀式將於 17 日舉行。

10 日，達德約各代表改於元朗舊墟大王古廟附近東平學社開會，部署行動，並把指揮部定名為太平公局，各村團練進入作戰狀態。

12 日，清廷守備方儒率領大鵬協左營水師抵青山灣，向村民曉諭順從英軍入駐，無效而回。時駱克於屏山接見各村父老，迫其簽交「情願書」，答允約束達德約村民順從，其中 4 位父老被逼具結。[5]

14 日，深圳河兩岸鄉村村民大量集結，並向大埔進發，繼於大埔西北山坡，挖壕備戰。15 日，卜力加派警察，監督重修蓆棚，豎立旗杆，並於16日增調軍隊兩連、輕炮12門及軍艦兩艘，前往確保升旗儀式順利進行。

17日升旗儀式舉行後，數千名村民於大埔山頭向英軍駐地發動攻擊，但為英軍所敗；村民遂退至林村山谷的壕坑陣地埋伏，候英軍追至時襲擊，惜村民武器落後，訓練不足，故仍為英軍所敗，不支而退卻，是為林村之戰。

18日，2,600名村民向上村石頭圍英軍發動攻擊，但遭英軍埋伏，村民死傷頗多，惟英軍亦受到嚴重損失，最後村民敗退，英軍進至吉慶圍及泰康圍時，「疑有莠民藏於其間」，欲內進搜查，但村民據守反抗，因吉慶圍牆高門固，且有護河圍繞，十分堅固。英軍以大炮將圍牆炸開，村民投降，英軍將圍門拆卸，作為戰利品運返英國。

19日，新界村民投降，駱克往元朗太平公局搜尋文件，抗英領袖逃往廣州及南頭等地。20日，英軍往屏山等村落搜尋抗英領袖，[6]逼村民繳交武器。22日，新界村民返回各自鄉村。事件才告一段落。

事後，英國以清廷未有曉諭新界地區村民，遂於1899年5月16日派遣軍隊，強佔九龍寨城，[7]驅逐城內官弁、兵丁。[8]並於大埔、元朗凹頭及屏山三處，各建警署一座，派員駐守，以作防禦。[9]

自是，九龍半島界限街以北，至深圳河以南之地，遂為香港政府的「新界」地區，英文初稱 The New Territory，[10]1912年後始改稱 The New Territories。[11]

是次事件至今仍存下列歷史遺蹟。

英軍登陸接管新界的地點

該地點位於大埔元洲仔濱海。1905 年，香港政府於該處小山崗上建新界理民官居所，稱新界政務司官邸，1982 年被列為香港法定古蹟。1997 年，政府於該處填海，發展大埔工業邨，並於海濱建大埔海濱公園，園內建回歸塔，紀念香港是年回歸中國，塔下有銅碑，記載 1898 年新界鄉民抗英事件及 1941 年日軍襲港事件。[12]

舉行接管新界升旗儀式的地點

該地點位於大埔運頭角小丘上。1899 年 3 月 27 日，梅含理率警員於該處搭建蓆棚，作為警察駐守之地，並為舉行接管新界儀式作準備。4 月 3 日，該蓆棚為村民焚燬，梅氏遂令再次修建。後來梅氏再發現蓆棚被燬。後因獲軍方支援，遂提前舉行升旗儀式，以示正式接管新界，並於該處建築警署。1905 至 1910 年間，該警署落成，名為大埔警署，至 1941 年，該警署一直用作新界警察總部，現仍為警署。

舉行抗英會議的場所

達德公所

該公所位於屏山聚星樓之北，創建年代難考。1899 年 3 月 28 日，屏山鄧氏父老首先於該處舉行會議，翌日於鄰近境內張貼抗英揭貼，30 日，八鄉、十八鄉、屏山、屯門、上水、粉嶺、大埔頭、丙岡、沙田等地鄉村代表先後抵達該處，共同籌劃抗英活動。因鄉紳吳介璋走報消息，港府遂派警隊前往屏山駐守，並建警署，各村代表惟有轉移他處舉行會議。

文武二帝廟

該廟位於大埔太和市富善街，建於 1892 年，原為大埔七約鄉公所。1899 年 4 月 3 日，大埔七約居民代表於該處商議，如何制止梅含理於運頭角山丘上搭建蓆棚。

太平公局

該公局位於元朗舊墟大王古廟附近東平學社內，為當時部署抗英的指揮機關。1899 年 4 月 10 日，各村代表於該處開會議決，每村最少出銀 100 兩，充作抗英費用。

新界居民抗英戰場遺址

英軍駐地

1899 年 4 月 17 日，村民向運頭角山頭英軍發動攻擊，但為英軍所敗。

林村谷埋伏點

村民進攻運頭角英軍駐地失敗後，撤退至林村谷設置埋伏，以襲擊英軍，但仍不支退卻。

石頭圍

1899 年 4 月 18 日，村民攻擊上村石頭圍英軍，但遭英軍伏擊，村民受到嚴重傷亡。石頭圍屬八鄉，位於八鄉古廟南鄰，今餘圍門可供憑弔。八鄉公園內豎有紀念碑，以紀念該事件及香港回歸。

吉慶圍及泰康圍

吉慶圍及泰康圍皆為鄧氏建於明朝成化年間（1465–1487），初無圍牆，至清朝康熙（1661–1722）初期，為防盜寇，始增建圍牆、四角炮樓、連環鐵門及於圍外加挖深壕圍繞。

1899 年 4 月 18 日上村石頭圍之役後，港府以「錦田是騷亂的主犯」，及兩圍內「疑有莠民藏於其間」，遂派兵入內搜查，但為村民所拒，英軍以火炮轟開圍牆，進入搜查，並將兩圍鐵門拆卸，作為戰利品，贈予港督卜力。卜力離任後，將鐵門運返英國，裝飾其在艾爾勒的私邸。

1924 年，鄧族紳耆始向港督司徒拔請求發回鐵門；翌年，鐵門自英國運回，重新於吉慶圍裝置，司徒拔舉行開幕啟用禮，主事者為鄧伯裘等紳耆，並立紀念碑於牆上。碑於日佔時為日軍所毀，戰後再重修，並於牆上再立銅刻碑紀，全文中英對照，使鐵門掌故，遐邇知名，惟據鄧伯裘所言，兩門鐵枝粗幼不一，非為一對，其中一邊原屬吉慶圍，另一邊則屬泰康圍。惜另兩隻鐵門已不知去向。

吉慶圍內神樓仍存英軍加倫小炮一門，亦可作為該事件見證物。

覲廷書室

覲廷書室位於屏山坑尾村，建於道光年間（1820–1850）。1899 年新界鄉民抗英失敗後，英軍接管全新界時，曾以該書室作為接管新界的司令部，與當地鄉紳父老進行談判的場所。

殉難烈士供奉場所

廟宇

十八鄉天后古廟旁英勇祠及八鄉古廟內，皆有供奉是役殉難烈士神位。

祠堂

各姓亦有於其家祠或神廳內，供奉其族曾參與是役的殉難者。其著者，有錦田友鄰堂及新田文氏宗祠。有些大戶人家，亦有將死難者神位供奉家中。

妙覺園義塚

妙覺園位於元朗逢吉鄉鎮南堂背後，為一靜修寺院，其大雄寶殿側，有一義塚，俗稱白骨墳。該墳碑上無銘文，[13] 但據錦田父老所告，這是上村石頭圍之役中，殉難者遺骸集體埋葬之地。每年重陽節，錦田鄧族仍有集體前往祭祀。

達德公所

公所位於元朗屏山聚星樓背後，位置頗為隱蔽，其建築年代難考。1938 年重修，大廳中立「忠義流芳石碑」，碑上詳載參與是役 30 餘村、174 名義烈士及義烈婦名字。公所兩旁建有慰寂祠及英勇祠。[14] 公所面前之地已被填高，用作停車場。由於公所位於低地，每遇大雨，必為水所淹，故今已難進入參觀憑弔。

位於元朗逢吉鄉、俗稱白骨墳的抗英殉難義烈士義塚。

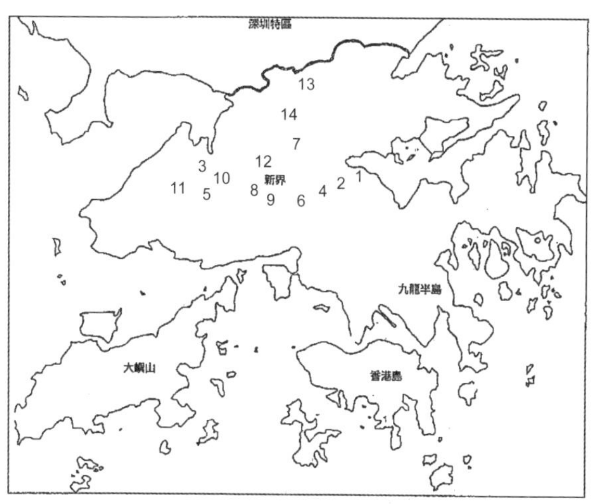

1 大埔元洲仔
2 大埔運頭角
3 達德公所
4 文武二帝廟
5 太平公局
6 大埔林村
7 八鄉石頭圍
8 吉慶圍
9 泰康圍
10 覲廷書室
11 十八鄉天后古廟
12 錦田友倫堂
13 新田文氏宗祠
14 妙覺園義塚

英人接收新界地區重要歷史遺蹟分佈圖

【註釋】

1 《展拓香港界址專條》內，並無訂明以深圳河為界，約內聲明：「詳細界線應該兩國派員勘明後再行劃定。」

2 1899 年 3 月，清廷代表王存善與港府輔政司駱克共同勘界，界始定。詳 Despaches and Other Papers Relating to the Extension of the Colony of Hong Kong, no. 32/99: Enclosure no. 1, 4th March, 1899。

3 「抗英揭貼」，中文原本未見，惟於前引公文 no. 82 Enclosure no. 1，有英文譯本。

4 吳介璋之名，為屏山鄧聖時老先生所告，英文資料作 Ng Ki–cheung，傳為進士，亦有謂為舉人，其時為元朗鄉彥。

5 屏山達德約父老簽交「情願書」，中文原件未見。文見前引公文 no. 93 Enclosure no. 3。

6 抗英領袖名單如下：

List of the Gentry and Elders whose names appear in the documents and statements.

UN LONG DIVISION　元朗洞

P'ING SHAN 屏山

Tang Ch'iu–i 鄧朝儀
Tang Fong–hing 鄧芳卿
Tang Ts'ing–wan 鄧青雲
Tang Kw'an–shan 鄧袞臣
Tang Lai–shang 鄧礪生
Tang Lam 鄧林

HA TS'UN 廈村

Tang I–shek 鄧儀石
Tang Ts'ing–sz 鄧青士
Tang Kwok–lam 鄧國林
Tang Chik–t'ing 鄧植亭
Tang Hung–ts'oi 鄧雄才
Tang Un–tso 鄧煥藻

PAT HEUNG 八鄉

Tse Heung–po 謝香圃
Lai Ch'un 黎春
Li Pong 李邦

Tang T'ung 鄧同

KAM T'IN 錦田

Tang Chuk–sam 鄧祝三

Tang Lo–pan 鄧鷺賓

Tang Yat–hin 鄧逸軒

Tang Ki–yau 鄧己有

Tang Sam–wai 鄧三槐

SHEUNG U DIVISION	雙魚洞
SHEUNG SHUI 上水	Liu Wan–kuk 廖雲谷
FAN LING 分嶺	Pang Shiu–un 彭少垣
PING KONG 丙光	Hau Hon–kai 侯翰階
SAN TIN 新田	Man Lai–t'ong 文禮堂
CH'A HANG 蔡坑	Man Cham–ts'un 文湛全
TAI PO T'AU 大埔頭	Tang Mau 鄧茂

7 據 1898 年所訂專約，本謂：「九龍城內駐紮之中國官員，仍可在城內各司其事，任便行走，惟不得與保衛香港之武備有所妨礙。」是次事件後，英國認為中國兵弁必有參與協助新界村民武裝抗英，遂以此為理由，派兵佔據九龍寨城，逐走城內兵弁。

8 詳光緒二十五年（1899）四月初九日，粵督撫譚鍾麟、鹿傳霖之奉報九龍關租界辦理情形摺，及同年五月十五日，兩官所奉之吳川、遂溪兩縣請飭籌辦法摺。

9 大埔警署，位於大埔運頭里。凹頭警署，位於八鄉與十八鄉兩地交界處，元朗至錦田墟交通中樞。屏山警署則位於屏山鄧氏宗祠背後小山丘上，俯瞰青山與后海兩灣一帶村落。三間警署皆於 1900 年 4 月間建成。

10 卜力總督之新界首年行政報告，題為 Report on The New Territory during the First Year of British Administration。

11 新界理民府 G. N. Orme 有關新界 1899 至 1912 年間的行政報告，題為 Rerort on The New Territories on the Years 1899 to 1912。

12 回歸塔下銅碑題為「香港回歸紀念塔碑記」，其文記載英人租借新界始末。

13 該墓碑上首刻佛號，下刻「義塚」，無銘文及立碑日期，兩旁聯云：「早達三摩池，高超六慾天」。上聯右旁有「西天」二字，下聯左旁為「極樂」二字。

14 公所向正中壁上嵌「民國二十七年歲次戊寅中秋重修紀誌」，該碑橫額「忠義留芳」，其下刻載是役殉難各烈士神位。其旁另有 1939 年歲次己卯季春所立之「重修達德公所紀念碑」，碑中詳列重修該公所之捐者芳名。

香港與近代中國重大歷史事件

香港從古至今都是中國的領土，在社會文化及日常生活習慣上，香港皆與中國一脈相承。但在 19 世紀中，國家積弱，致內憂外患相繼發生，使香港經歷了 150 多年被英國管治的歲月，從漁農地域，發展為舉足輕重的經濟及金融中心。雖然香港已受英國殖民管治，但其毗鄰中國的地緣特點，讓國內政局時刻牽動著香港的發展。

鴉片戰爭與香港開埠

道光年間，鴉片大量流入中國，其時，囤積鴉片的躉船，多停泊伶仃島一帶水域，[1] 伺機走私鴉片入尖沙咀，再轉運至廣東沿海各地。鴉片大量走私進入中國，造成大量白銀外流，成為中英兩國爆發軍事衝突的導火線。

1839年，英國海軍軍官醉酒毆斃尖沙咀村民林維喜的事件，引發了第一次鴉片戰爭，初期清軍略勝，[2]但最後戰敗。1841年1月26日，英軍於香港島西環水坑口登陸，[3]宣佈佔領香港全島。翌年8月29日，中英兩國簽訂《南京條約》，清廷割讓香港島予英國。英廷於1843年4月5日宣佈接收香港島，由此改寫了香港的歷史。[4]

英法聯軍之役與割讓九龍

自香港島英屬後，英國惟恐對岸九龍半島為他國所奪，威脅其對香港島的管治，遂藉口亞羅號事件中英旗受辱，於1856年派兵佔領九龍半島南端。其時，法國亦以其傳教士於廣西被殺為理由，與英國共同出兵中國。[5]

1857年，英法聯軍攻陷廣州，[6]繼而北上攻陷大沽口，1860年攻陷北京。時清廷因受太平天國威脅，無力對外作戰，遂與英人簽訂《北京條約》，將九龍半島南端（今界限街以南），包括昂船洲在內，割讓予英國，併入香港界內。[7]

自港九地區英屬後，英人於九龍半島廣設軍營，[8]以作防衛，並於香港島北岸，發展女皇城，亦即維多利亞城，[9]開築道路，建造房舍。[10]時因太平天國事件，國內居民多避亂南遷，進入香港及九龍地域。太平天國失敗後，餘眾亦有退居香港者。[11]此等居民入遷，對正值發展的香港幫助甚大。

甲午戰爭與租借新界

九龍半島割讓後，中英兩國以今界限街為界，但英人仍不滿足，以為界限街無險可守，實有擴展邊界的必要。

1894 年甲午之戰爆發，清軍一敗塗地。港督威廉・羅便臣（William Robinson, 1836–1912）乘機向英廷建議，將香港界址展拓至大鵬灣。1898 年，兩國簽訂《展拓香港界址專條》，清廷將沙頭角海至深圳灣最短距離直線以南的地域，租借予英國，為期 99 年，7 月 1 日實施。[12] 該租借地稱「新界」，[13] 泛指九龍半島以北、深圳河以南的地方及鄰近島嶼。時租界內有九龍寨城，兩國同意保留屬中國土地，不在租借地內。[14]

其時，清廷因多次對外作戰失敗，簽訂了多條喪權辱國的不平等條約，特別是康有為（1858–1927）、梁啟超（1873–1929）等人推動的百日維新的失敗，激起有志之士發動革命推翻清廷之念。時港島中環一帶發展已甚發達，人口眾多，孫中山先生（1866–1925）及其他革命黨員，遂在此建立反清革命運動基地，[15] 又於新界人跡較少的青山，設立農場及碉堡，用作革命黨員營地。[16] 各次起義行動失敗後，革命黨員多潛居香港，伺機再作行動。[17]

晚清革命運動與香港

香港既為英國屬地，故清廷未能公開制止該地的革命活動，加上該處易受西方自由文化及思想影響，居民較易前往海外，於是成為革命黨人遊說華僑支持革命及購買軍械反抗朝廷的重要基地。

當時新界人跡甚少，易為革命活動基地。港島上環及太平山區為華人聚居地，他們多支持及參與革命，為革命運動提供人員及經費補給。1860 年後，太平天國餘眾多避居港島，亦有支持革命活動者。

孫中山在香港

孫中山，1866 年生於廣東省中山縣翠亨村，家名帝象。1879 年（13 歲）赴夏威夷，依其兄孫德彰（1854–1915）。他慕基督博愛精神，但其兄不願他入教，為免他受父責，於 1883 年遣送他返國。他居鄉數年，再轉往香港。

1883 年夏，孫中山入讀香港拔萃書室（位於舊羅富國教育學院般含道分校），得以習英文。他為基督教公理會喜嘉理牧師（Charters Robert Hager, 1854–1917）所感動，與陸皓東（1867–1895）一同洗禮，禮名日新。洗禮後，他移居信徒宿舍。1884 年 4 月 15 日（18 歲），入讀皇仁書院（初稱中央書院，原址位於中環歌賦街）。同年冬，因信教之故，被兄召往夏威夷。

1885 年他從夏威夷歸國，在廣州博濟醫院習醫，1887 年春，轉往香港西醫書院（位於今荷李活道與鴨巴甸街交界處，香港西醫書院於 1912 年併入香港大學醫科，1913 年結束）學醫。在校期間，他與陳少白（1869–1934）、尤列（1865–1936）、楊鶴齡（1868–1934）等（稱四大寇）於楊耀記（位於歌賦街 8 號，今 24 號）內籌劃革命。1890 年，楊衢雲（1861–1901）與謝纘泰（1872–1938）及 16 位同道，創立輔仁文社（位於百子里 1 號 2 樓），楊衢雲為社長。1892 年孫中山於香港西醫書院畢業，初於澳門設中西藥局，1893 年遷廣州，贈醫施藥，並結納同志，與鄭士良（1863–1901）等籌劃革命。

香港興中會的成立

1894 年，鄧蔭南（1846–1923）於檀島結識孫中山，並加入興中會，被推舉為副主席。1895 年 1 月 26 日，他們創乾亨行（位於今士丹頓街 13 號），為香港興中會總機關，2 月 18 日召開成立大會。輔仁文社正式併入興中會。

3 月 16 日，孫中山依陸皓東建議，採用青天白日軍旗，決定在廣州起義（乙未廣州之役），惜因香港接濟未至而失敗，陸皓東殉難。楊衢雲退居香港，鄧蔭南避居澳門，孫中山不久避難香港，遊歷英、美、日等國，聯絡同志，途中結識富商李陞（?–1896）之子李紀堂（1873–1943），李氏有青山農場，遂用作革命基地（青山紅樓），又於港島中環街市開設青山棧，為革命黨人的聯絡點。

1896 年 3 月 4 日，港督威廉．羅便臣以孫中山危害香港的和平和治安，頒佈驅逐出境令（據 1882 年《第 8 號驅逐出境條例》第 3 條），明令他 5 年內不得來港。其後 5 年，孫中山多次來港，惟未有登岸。

1899 年，楊衢雲以興中會會長席位讓予孫中山。他即命陳少白創《中國日報》（報社位於今士丹利街陸羽茶室），12 月下旬刊行，由李紀堂捐資襄助。1900 年春，孫中山於日本任興漢會會長。3 月 23 日，李紀堂由楊衢雲主盟，加入興中會，被委任為興中會駐香港財政主任。李紀堂遂大力資助革命經費及《中國日報》的開支。

惠州三洲田之役

1900 年 6 月 17 日，孫中山從日本回香港再轉往新加坡，7 月 17 日自新加坡回香港，皆於海上與黨員會面。10 月 5 日，惠州起義（惠州三洲田之役）於沙灣初勝，後敗於惠州，革命黨人退青山農場，亦有退港島上環普慶坊及居賢坊、跑馬地。

1901 年 1 月 10 日晚上 6 時許，清廷收買暴徒陳林等行刺楊衢雲，楊衢雲於翌日黎明逝世，年 40，遺體葬於跑馬地墳場 6348 號。8 月 27 日，鄭士良於水坑口瓊林酒樓與革命同志飲宴後，於回寓所時暴死。自是，興中會元氣大傷。

大明順天國之役

1902 年 8 月，謝纘泰欲為楊衢雲復仇，介紹洪全福（春魁，1835–1904）與李紀堂相識。時李紀堂剛繼承其父李陞百餘萬遺產，得知全福為洪秀全（1814–1864）族侄，又曾受封

位於廣州興中會墓場的鄧蔭南墓

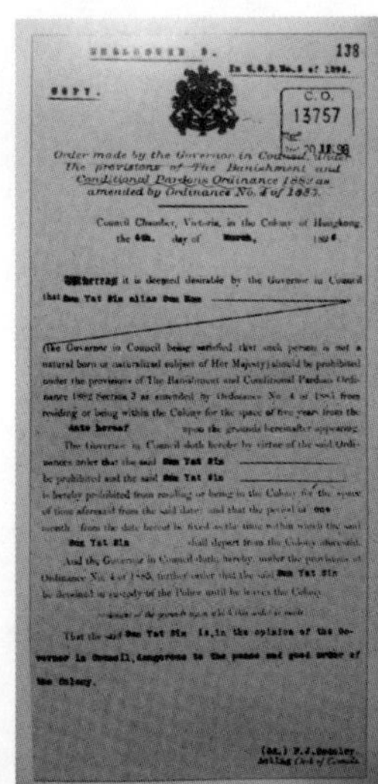

138

In C.O.D. No. [illegible] of 1896.

COPY.

C.O. 13757

Order made by the Governor in Council under the provisions of The Banishment and Conditional Pardons Ordinance 1882 as amended by Ordinance No. 4 of 1883.

Council Chamber, Victoria, in the Colony of Hongkong, the 4th. day of March, 1896

Whereas it is deemed desirable by the Governor in Council that **Sun Yat Sin alias Sun Wen**

(The Governor in Council being satisfied that such person is not a natural born or naturalized subject of Her Majesty) should be prohibited under the provisions of The Banishment and Conditional Pardons Ordinance 1882 Section 2 as amended by Ordinance No. 4 of 1883 from residing or being within the Colony for the space of five years from the **date hereof** upon the grounds hereinafter appearing.

The Governor in Council doth hereby by virtue of the said Ordinance order that the said **Sun Yat Sin** be prohibited and the said **Sun Yat Sin** is hereby prohibited from residing or being in the Colony for the space of time aforesaid from the said date; and that the period of **one** month from the date hereof be fixed as the time within which the said **Sun Yat Sin** shall depart from the Colony aforesaid.

And the Governor in Council doth hereby, under the provisions of Ordinance No. 4 of 1883, further order that the said **Sun Yat Sin** be detained in custody of the Police until he leaves the Colony.

[illegible]

That the said **Sun Yat Sin is, in the opinion of the Governor in Council, dangerous to the peace and good order of the Colony.**

(Sd.) F.J. [illegible]
Acting Clerk of Councils

港府遞解孫中山
出境的公函

太平天國左天將、瑛王、三千歲，乃慷慨捐出 50 萬元作起義經費。據知參與其事者，尚有香港紳商何啟（1859–1914）、何東（1862–1956）、劉鑄伯（1870–1926）、區鳳墀（1847–1914）、胡禮垣（1847–1916）等。設總機關名和記棧（位於今德忌立街 20 號 4 樓）。

是年冬，李紀堂與謝纘泰、洪全福等謀組大明順天國，惟興中會各幹部對此計劃概未過問。加上承購槍械的陶德洋行，向官方告密，計劃遂敗露。1903 年 1 月 25 至 28 日間，香港、廣州各起義機關，相繼遭搗破，全福易名浮萍，由澳門逃回香港，再赴新加坡暫避，後因喉病返港就醫，1904 年卒於香港，葬於跑馬地墳場 6781 號。

革命後勤基地

1910 年 3 月，廣州新軍之役失敗，黃興（1874–1916）於青山農場設立起義統籌部，鄧蔭南於元朗開設經營榨糖和舂米的大廠（位於今白泥浪濯村），革命黨人亦退至青山農場。

1911 年 4 月 27 日，黃花崗之役失敗，革命黨人退青山農場（今農場內仍存當年黃興手植的三株棕櫚樹）。5 月初，黃興匿筲箕灣養傷。10 月，辛亥武昌起義爆發，鄧蔭南於廣東新安（今寶安）組織民軍響應。李紀堂促成廣東水師提督李準（1871–1936）投誠。革命運動最終取得勝利，香港扮演了重要的角色。

如今，特區政府於港島中西區中，將孫中山在香港從事革命

位於跑馬地墳場的楊衢雲墓

位於跑馬地墳場的洪全福墓

的重要遺蹟，開闢成中山史蹟徑，供人遊覽憑弔。

民國年間的中國與香港

1911 年辛亥革命後，中華民國成立，不少滿清親貴及官民南下香港。[18] 袁世凱（1859–1916）稱帝失敗後，引致軍閥混戰，造成大量人士南遷，他們帶來不少財富，帶動了香港經濟的發展。[19] 另方面，到了 20 世紀初，香港華人與英人之間矛盾日增，如華英學校之分別、住宅區之劃分、華人公務員之被歧視，這些矛盾最終導致海員大罷工及省港大罷工。

省港大罷工爆發的導火線是五卅慘案。1925 年 5 月，上海日本紗廠工人顧正紅（1905–1925）被槍殺，2,000 多名學生上街示威抗議，當隊伍遊行至上海租界時，遭英國巡捕開槍射擊，死數十人。群眾紛紛罷工和罷課抗議。6 月中旬，香港有 10 多萬工人全面響應。

面對罷工風潮，港府宣佈戒嚴及調派軍隊進入市區。當時，廣東和香港兩地工人互相聯絡及聲援。23 日，當示威群眾遊行至廣州沙基時，遭到對岸沙面英租界的軍警射擊，造成大量傷亡。慘案發生後，港人更為憤怒，罷工人數迅速增至 25 萬人。他們更步行返回廣州以示聲援內地同胞，估計在巔峰期有 20 多萬人離港，佔當時全港華人人口的百分之三十。

其後，港督金文泰（Cecil Clementi, 1875–1947）採用懷柔政策，與廣州當局進行談判。為了全力支持北伐戰爭，罷工委員會

第17任香港總督金文泰，摘自香港日報社編《香港案內》，1928年再版。

最終於 1926 年 10 月正式宣佈停止封鎖香港，歷時一年零四個月的省港大罷工才宣告結束。

這場工運令不少工人返回國內，香港市面變得蕭條。大罷工結束後，工人陸續返回香港，經濟才重現繁榮。[20]

1937 年七七事變導致抗日戰爭全面爆發，1939 年第二次世界大戰爆發，香港都沒受戰火波及，局勢較為安定，國人遷入香港者眾。其時，國內難民給香港帶來嚴重的居住、糧食、醫療、衞生及治安問題，其中不少人是當時中國軍政界、文化界的名人。[21]

1941 年 12 月日軍襲港，香港軍民雖全力抵抗，但因眾寡懸殊，戰事打了 18 天，最後全港淪陷，[22] 成為日本佔領地。在日佔時期的三年零八個月中，香港糧食供應不足，境內常有搶掠情況出現。為了生計，大量人口自香港遷回中國內地。[23] 時香港各地皆有抗日遊擊活動，除對日本佔領軍加以打擊外，亦協助境內知名人士離開香港，免被日軍利用作宣傳工具。[24]

1945 年 8 月 15 日，日皇宣佈無條件投降，9 月 1 日，英國夏慤（Cecil Halliday Jepson Harcourt, 1892–1959）少將於香港成立軍政府，進行戰後重建工作。1946 年 5 月，前港督楊慕琦

（Mark Aitchison Young, 1886–1974）重返香港，復任港督。香港經歷三年零八個月的黑暗歲月，至是又重回英國殖民者手中，直至 1997 年回歸中國，才結束英國 150 多年的殖民管治。[25]

香港自 1842 年開埠至 1997 年間，受英國殖民管治，惟社會及經濟發展隨著中國內地政局變化而受到不同程度的影響。如今，100 多年殖民管治已告結束，香港回歸祖國。香港特區的社會及經濟發展，仍離不開中國內地，足見內地與香港那種密不可分的關係。

【註釋】

1 《林則徐集》奏稿九〈欽差使粵任內摺片〉336，道光十九年（1839）正月二十九日之報告抵粵日期並體察洋面堵截躉船情形摺。

2 有關中英鴉片戰爭初期情況，詳《清史列傳》10，卷 38〈林則徐傳〉及拙著《香港歷史點滴》，第四章紀前事之四〈尖沙咀與鴉片戰爭〉。

3 水坑口位於今港島皇后大道中與皇后大道西交界，開埠前為一大水坑的入海坑口，漁民常於水坑沖洗身上泥濘，水坑口之名由此而起。1841 年，英人於該處登陸，命名為佔領角。其後，該處不斷發展，大水坑被填塞，闢為馬路，初名波些臣街（Possession Street），後因該處原為一大水坑，故改稱水坑口街，惟英文名稱依舊。

4 詳 1842 年《南京條約》。

5 詳清夏燮撰《中西紀事》卷 12，咸豐六年（1856）秋九月條。

6 詳咸豐七年（1857）十一月二十三日，廣州將軍穆克德訥等奏報英法軍突入粵城擄去總督等事摺。另見《香港歷史問題檔案圖錄》，頁 39。

7 詳 1860 年《北京條約》。

8 1860 年九龍半島英屬後，英軍於今九龍公園及槍會山上設置軍營，派兵駐守。其時兩處營地皆只為設備簡陋帳幕，未有固定營房，1892 年始於九龍公園處建設固定營房，並名為威菲路軍營，1902 年始建槍會山軍營；前者於 1970 年拆卸，改作公園，後者仍為軍營。詳拙著《油尖旺風物志》，政府建築篇二，尖沙咀舊威菲路軍營及槍會山軍營。

9 即今港島中環（中區）。

10 自中環至上環間所築大馬路，即今皇后大道中，而在山腰開築的荷李活道，則於 1844 年完成。

11 太平天國失敗後，餘眾退居香港可考者，有森王侯玉田。詳清陳坤《粵東剿匪紀略》卷 5，第 23 頁。又據前新界政務署署長許舒博士所告，舊政府檔案中，曾載有太平軍餘黨化名「四眼三腳虎」者，率眾隱居今九龍何文田村。惜原件未見。

12 詳 1898 年《展拓香港界址專條》及 1899 年《香港英新租界合同》。

13 新界，意即新租界址，初稱 New Territory，20 世紀初始改稱 New Territories。

14 1899 年，英人以清政府未有協助制止新界地區村民抗英，且認為清廷兵弁必有參與協助新界居民武裝抗英，遂以此為藉口，派兵佔據九龍寨城，逐走城內清廷兵弁。

15 1892 年，楊衢雲與謝纘泰於中環結志街百子里 1 號，創立輔仁文社，聚友談論政事，並討論中國改革問題。1895 年，國父孫中山先生於中環士丹頓街 13 號，成立興中會，為推翻清廷的革命組織，並常與陳少白、尢列及楊鶴齡等於歌賦街 8 號楊耀記 1 樓聚會，商討革命大計。

16 1900 年，李紀堂於今青山白角處，闢一農場，名青山農場，接待革命起事失敗人員。1910 年，鄧蔭南於稔灣畔浪濯村，建一碉堡，作防守瞭望，並經營榨糖及舂米，以接濟籌備起義人員。

17 同盟會於上環居賢坊、普慶坊及跑馬地等地，設立革命黨員招待所，在國內各次起義行動失敗的革命黨員，多逃亡香港各招待所及青山農場藏身，伺機再作行動。

18 前清遺老及親貴南遷香港，著名的有陳伯陶（1855–1930）、吳道鎔（1852–1936）、張學華（1863–1951）、張其淦（1859–1946）、汪兆鏞（1861–1939）、丁仁長（1861–1926）、伍銓萃（1865–1934）及賴際熙（1865–1937）等。

19 著者有沈鴻英（1874–1938）、李福霖等。沈鴻英於今元朗沙埔開村名逢吉鄉；李福霖於今大埔林村闢創康樂園。華商於香港成立之事業，著者有馬應彪（1864–1944）創立先施公司。軍閥陳炯明（1878–1933）對信仰的改革，致黃大仙信仰的遷入及黃大仙祠的建築。

20 詳蔡洛、盧權《省港大罷工》一書，廣東人民出版社 1980 年出版及佘繩武、劉蜀永主編《二十世紀的香港》，第 6 章〈省港大罷工〉，香港麒麟書業有限公司 1995 年出版。

21 詳《二十世紀的香港》，第 7 章第 2 節〈難民潮及其對香港社會的影響〉。

22 詳謝永光《香港淪陷：日軍攻港十八日戰爭紀實》一書，商務印書館（香港）有限公司 1995 年出版。

23 詳謝永光《三年零八個月的苦難》一書，香港明報出版社 1994 年出版。

24 同註 21 第 7 章第 3 節〈香港和抗日救亡運動〉及第 4 節〈港九獨立大隊的活動〉。

25 詳高添強、唐卓敏《香港日佔時期》，第 150 至 165 頁，三聯書店（香港）有限公司 1995 年出版。

※太陽旗下的黑暗時期

CHAPTER 02

十八日香港保衛戰

日軍襲港前的軍事形勢

1937 年，日本發動七七事變，大舉侵華，當時香港沒有受戰火波及，局勢較為安定，國人遷入香港避難者眾。1938 年底，日軍登陸大亞灣，距港只有 35 英里，英日關係日趨緊張。不久廣州淪陷，由廖承志（1908–1983）負責的第八路軍駐香港辦事處成立，負責在香港宣傳和組織抗日行動。同年，廣東省舉行八一三抗日救亡獻金運動。1939 年，德國入侵波蘭，第二次世界大戰爆發，香港同樣不在戰火之中。時日軍已佔領海南島，致物資運送香港產生艱難，宋慶齡（1893–1981）在香港組織保衛中國同盟，向海外華僑宣傳抗日，募集物資。其時日本與德國、意大利結盟，與英國形成敵對勢力，香港備受壓力。

香港是重視商業貿易的自由地區，一直以來沒有外來的威脅，其在 20 世紀初期設置的軍事設施與防禦裝備，於 1930 年代已相當落伍。港督羅富國（Geoffry Northcote, 1881–1948）接受英國建議：以香港當時的軍事力量，缺乏對抗日軍的客觀條件，故不宜加強防守。然而，到了 1940 年，英國遠東軍總司令認為，香港具有防守價值，乃重新修葺軍事設施，加建炮台，興築防空洞，重新發展原於 1937 年制定而其後放棄的醉酒灣防線（Gin Drinkers Line，戰前原稱 The Inner Line）。該防線起自荃灣西面醉酒灣，經城門水塘至游塘（今油塘），防線包括一系列隧道，指揮部設於城門水塘主壩背後山上的菱形堡壘。是年 7 月，日軍在廣州至深圳附近集結，似有入侵香港的態勢。

中環德輔道中、畢打街交界。圖中建築為告羅士打酒店。圖片背後印有「同盟檢閱濟」，可以判斷這幅照片是由同盟通訊社記者所拍攝及審查。1936年，日本新聞聯合社、日本電報通訊合組成為同盟通訊社。太平洋戰爭爆發後，同盟通訊社成為宣揚「大東亞共榮圈」的喉舌。

1941 年，英國皇家海軍疲於大西洋、地中海和北海戰線，已無力兼顧香港，香港實際上已失去了防衛能力。是年夏秋，日軍於鄰近香港一帶進行夜戰及攻打堡壘的訓練演習，並加強間諜活動，例如告羅士打酒店的日籍理髮師實為日本海軍佐級情報官。9 月，駐港三軍總司令格拉錫少將（Major General A. E. Grasett）卸任回國在即，鑑於香港守軍不足，他努力向加拿大要求增加兵員，加拿大總理麥肯齊・金（William Lyon Mackenzie King, 1874–1950）應允調派兩營兵員赴港增援協防。12 月 2 日，日本大本營發出攻佔香港密令（大陸命第 572 號），在進攻馬來西亞時，同時對香港發動攻擊。大本營認為必要時要發動長沙會戰，以阻止中國軍隊南下救援香港。

戰前防空設施

1937 年抗日戰爭爆發，香港位於中國南方，恐受空襲影響，所以港府在 1938 年設立防空設施，訓練防空人員，舉行防空演習，並在各區挖掘防空隧道（洞），以及借用宏偉堅固樓宇，作避彈室用。惜其時，港府對挖掘防空隧道（洞）工程並不重視，故遲遲未有推行。

1940 年間，隨著日軍襲港威脅日增，在立法局華籍非官守議員及新聞媒體強力批評下，港府遂批准挖掘防空隧道（洞）。是年 10 月，防空隧道（洞）需要日見緊張，惟施工期間發生貪污醜聞，港府於 1941 年 8 月成立調查委員會，調查醜聞事件，惜其時戰爭之威脅以近。

其時，港府於香港境內設立防空監察區（Air Raid Warden District），每區由一位監察員（Warden）領導，負責指導區內居民逃避空襲，並向上峰報告炸彈及燃燒彈造成的損害情況。

各防空監察區內山邊多建有防空隧道（洞），供軍民於逃避空襲期間使用，亦有於山坡隱蔽處建築爐灶，供避難軍民煮食用。

戰前公共飯堂

1937 年抗日戰爭爆發，第二年 10 月廣州淪陷後，大量難民湧入香港，導致糧食需求急增。1939 年 10 月，港府實施《基要商品儲備條例》，以穩定糧食供應。1940 年 4 月，港府設立糧食統制處，以監控糧食價格及貯備。由於米價暴漲，港府在 1940 年 12 月委任穀米統制專員，設立食米專賣局，實施食米按級限價，提供低於市價的食米，鼓勵市民進食糙米，以補充營養，防止腳氣病，同時設立公眾飯堂。

1941 年 7 月，港府計劃在港島 15 處地方設置 23 處公共飯堂，招募 3,000 名煮飯工人，這些公共飯堂分佈於灣仔、大坑及太古水塘山坑等處，其中以太古水塘山坑的公共飯堂規模最大。11 月 24 日，華民政務司宣佈，市區 8 個公共飯堂將設為疏散區，預計可收容 350,000 人。12 月 1 日，位於灣仔柯布連道的公共飯堂舉行派飯演習，約有 8,000 人獲免費派飯。12 月 8 日，港府公佈九龍公共飯堂招標，惟是日早上，啟德機場已遭日軍空襲。

12 月 9 日，育才學社校長被委任為太古寶馬山疏散區指揮官，總部設於太古水塘山坑旁的林邊屋，該處的公共飯堂供給入住者每日兩餐。12 月 13 日，太古寶馬山疏散區遭受轟擊，灣仔公共飯堂亦被炮彈擊中。12 月 18 日，日軍在北角、鰂魚涌及筲箕灣登陸，其中一股日軍途經太古寶馬山疏散區向南推進，結果林邊屋工作人員全遭拘禁，物資被搶掠一空。12 月 21 日，日軍驅逐太古寶馬山疏散區市民返回市區。12 月 25 日，港督楊慕琦（Mark Aitchison Young, 1886–1974）宣佈投降後，公共飯堂亦正式停止運作。

據 1941 年報章報道，港府擬在太古水塘山坑建造 10 處公共飯堂，皆蓋搭帆布帳幕，並設有大小磚砌爐灶共 40 個。這些爐灶是提供市民在戰亂期間煮食之用。惟戰事只維持了 18 天，港島便告失守。

太古水塘隨著戰後的經濟發展而消失，並已興建成為大型屋苑，而其山坑地帶亦已發展成為郊野公園。郊野公園內接近林邊屋（俗稱紅屋）山坡處，尚存數處戰時公共飯堂的磚砌爐灶。

守軍準備不足

增援香港的加拿大部隊為來自魁北克的加拿大皇家來福槍營及溫尼伯榴彈兵營，分別代表加東加西地區和法英語系加拿大

位於鰂魚涌柏架山的林邊屋

人，士兵連同文職及後勤支援人員為數共約 2,500 人，由羅遜准將（Brigadier J. K. Lawson, 1887–1941）所率領。溫尼伯榴彈兵營為一支加拿大步兵團，1908 年 4 月 1 日成立，兵團總部初設於加拿大曼尼托巴省莫頓市，1910 年遷溫尼伯市。第二次世界大戰初期，曾在牙買加駐守了 16 個月。1941 年 10 月重回加拿大後不久，便被派往香港協防。該兵團缺乏一個標準兵團應有的裝備，部分士兵為新招募成員，缺乏基本訓練。

羅遜准將在 1887 年 12 月 27 日生於英格蘭赫爾，曾參與第一次世界大戰，獲頒軍功十字章，1941 年時任渥太華軍事訓練學院總監。在香港保衛戰中，他負責指揮港島兵旅直至九龍失守，轉為指揮由皇家蘇格蘭營、溫尼伯榴彈兵營及印度旁遮普營組成的港島西旅。同年 12 月 19 日，於殺敵突圍時陣亡。第二次世界大戰結束後，遺體安葬於西灣國殤紀念墳場。

1941 年 10 月 27 日，加拿大援兵在溫哥華登上運輸艦愛華特號及輔助巡洋艦羅伯特王子號，於 11 月 16 日抵達香港，駐紮在深水埗軍營。這批增援部隊絕大部分是年青新兵，既缺乏嚴格訓練，更無作戰經驗，對香港地形不熟，加上啟航時軍車仍未運抵溫哥華，故缺乏機械運輸車隊裝備，大大削弱其戰鬥能力。

當時負責香港防務的駐港三軍總司令莫德庇少將（Major General C. M. Maltby, 1891–1980），生於 1891 年 1 月 13 日，受訓於皇家軍事學院，1911 年入伍印度陸軍，1913 至 1914 年到波斯灣服役，1916 年獲軍功十字章。曾於英國皇家空軍參謀學院

城門棱堡的不同部分是以英國街道命名

太古水塘山坑爐灶遺址

接受一年訓練，1928 年返回印度服役。1941 年 8 月獲任命為駐港三軍總司令，負責對抗日軍入侵。香港淪陷期間，被囚禁於九龍亞皆老街戰俘營。第二次世界大戰結束後獲受勳，並於 1946 年退休。

香港保衛戰可分兩個階段：（1）新界及九龍的拖延戰；（2）港島防衛戰。當時香港守軍編成兩個步兵旅：大陸兵旅及港島兵旅，以配合作戰部署。港島兵旅由羅遜准將率領加拿大皇家來福槍營、加拿大溫尼伯榴彈兵營及米拉息士營駐守港島；大陸兵旅由窩利斯准將（Brigadier Cedric Wallis）率皇家蘇格蘭營、印度旁遮普營及拉治潑營駐守新界及九龍半島。

窩利斯准將（Brigadier Cedric Wallis, 1896–1982）於第一次世界大戰時為英軍皇家騎兵衛隊騎兵，戰時失去左眼，故常戴黑眼罩，1917 年入伍印度陸軍。第二次大戰初期曾駐守南印度及緬甸，1940 年抵港服役。日軍侵略香港，莫德庇少將命其率領大陸兵旅保衛九龍。他為人倔強，且果斷。當香港守軍退守香港島時，他改為帶領由加拿大皇家來福槍營及拉治潑營組成的港島東旅，並於大潭峽設立總部指揮作戰，直至聖誕日港督楊慕琦宣佈投降為止。

莫德庇少將計劃，戰爭一旦爆發，放棄新界北部，退守醉酒灣防線，最後退守港島，死守等待新加坡方面的援軍。守軍雖佔地利，但兵力薄弱，防禦工事脆弱，加上對日軍認識不足，12 月 7 日深夜儘管戰事一觸即發，但英軍軍官仍舉行嘉年華會，未

西灣國殤紀念墳場

赤柱軍人墳場內的墳墓

作準備。

新界、九龍相繼陷落

1941年12月8日早上，日軍發動閃擊戰，進攻新加坡，轟炸美國海軍基地珍珠港，拉開了太平洋戰爭的序幕。是日清晨4時，日軍轟炸機在戰機的掩護下，空襲啟德機場及深水埗軍營，陸軍同時越過邊界入侵。日軍分兩路從深圳、寶安入侵新界地區。東路主力部隊於黃昏已於新界北部建前哨，英軍後退，沿途爆破阻敵。西路軍越后海灣，沿青山公路入荃灣、青衣。

9日，東路日軍抵大圍，突入醉酒灣防線，輕易打開防線決口，皇家蘇格蘭營傷亡甚大。日軍於今城門水塘防線兩處入口，一處刻上「若林隊占領」；另一處以墨寫上「西山部隊春日井佔領」字樣，以誌該處為其所攻佔。10日，日軍正面主力攻破醉酒灣防線，推進至九龍山，英軍全面南退魔鬼山要塞。11日，東路日軍進至大老山，西路日軍佔領青衣島，英軍退入九龍市區。12日，日軍佔領啟德機場，英軍撤出九龍，橫渡鯉魚門，退守香港島，新界及九龍全歸日軍所佔。

退守港島後英軍重組防務

退守港島後，莫德庇少將重新部署港島防務，合併從新界、九龍撤退的部隊和港島守軍，編成東西兩旅：東旅防衛筲箕灣、柴灣等東部及沿岸，由窩利斯准將率領，兵員包括拉治潑營、加

英軍在油塘魔鬼山的軍事要塞遺址

城門棱堡內「若林隊占領」的字樣

拿大皇家來福槍營及防守東岸碉堡的米拉息士營部分兵員，總部設於大潭峽。西旅防守港島西部及沿岸碉堡，由羅遜准將率領，兵員包括印度旁遮普營、溫尼伯榴彈兵營、皇家蘇格蘭營及防守西岸碉堡的米拉息士營部分兵員，總部設於黃泥涌峽，位處港島中心。

英軍各營防地如下：印度旁遮普營守西環海旁至銅鑼灣，皇家蘇格蘭營守銅鑼灣至北角，拉治潑營守北角至筲箕灣，米拉息士營駐守環島沿岸碉堡，溫尼伯榴彈兵營 A 連守黃竹坑、B 連守薄扶林、C 連守香港仔、總部連守黃泥涌峽西旅總部；加拿大皇家來福槍營 A 連守鶴咀半島、B 連守赤柱半島、C 連守鯉魚門海旁、D 連守紅山半島、總部連守大潭峽東旅總部。

淺水灣酒店，摘自香港日報社編《香港案內》，1928年再版。1941年日軍侵港期間，英軍曾據守淺水灣酒店，跟日軍發生激戰。

港島淪陷

為牽制中國軍隊南調增援香港，日軍發動第三次長沙會戰，同時於何文田設置炮兵陣地，以重炮轟擊港島各軍事要點，雙方爆發連番炮戰。日方兩次派人渡海到港島勸說英軍投降，均遭拒絕。港島防線經日軍連日的炮轟，最終崩潰了。18 日晚上，日軍分兩路於北角至鯉魚門愛秩序灣間登陸。右翼分兩線，第一線由第 228 聯隊負責，北角至太古船塢之間登陸，目標為奪取渣甸山；第二線由第 230 聯隊負責，登陸地點為北角，目標為奪取聶高信山。左翼由第 229 聯隊負責，登陸筲箕灣至鯉魚門炮台之間，目標為奪取柏架山。

19 日黎明，各路日軍成功登陸港島北岸。早上，第 229 聯隊成功奪取鯉魚門各炮台陣地，並屠殺守軍，繼攻柏架山。230 聯隊分兵攻取黃泥涌峽、渣甸山及聶高信山三地，惟攻打黃泥涌峽一路，損兵折將，傷亡不少。第 228 聯隊亦分兵攻取上述三地。羅遜准將令溫尼伯榴彈兵營數排兵員反攻，力圖重奪畢拉山及渣甸山，但不果。其後，英軍位於黃泥涌峽的西旅指揮部轉移往聶高信山與金馬倫山之間的布力徑，途中司令部全體人員中伏殉職，東旅曾派兵救援，冀重奪黃泥涌峽，亦不果。下午，228 聯隊成功佔領渣甸山。其時有軍士長奧士本（John Robert Osborn, 1899–1941）於畢拉山為挽救同袍性命，捨身撲向手榴彈，戰後獲追頒英聯邦最高榮譽的維多利亞十字勳章，遺體安葬於西灣國殤紀念墳場。

20日下午，第228聯隊攻陷聶高信山。21日，第229聯隊攻陷大潭峽，惟英軍仍死力抵抗。22日早上，第230聯隊攻佔黃泥涌峽。窩利斯准將以守軍腹背受敵，遂將東旅指揮部撤至赤柱半島，港島東部遂全為日軍所有。守軍在灣仔峽、馬己仙峽等處築有防禦工事，且頑強抵抗。23日晚上，灣仔峽以東全部失守。各炮台守軍自毀炮台設施後撤走。24日，摩理臣山及禮頓山亦告失陷。25日早上，灣仔峽及巴理殊山易手，戰局已至無可挽救的地步，下午6時，港督楊慕琦及莫德庇少將渡海往九龍，向日軍投降。十八日保衛戰爭告終，香港進入三年零八個月的日佔時代。

日佔時期的香港

1941年12月25日下午6時，港督楊慕琦及莫德庇少將在九龍尖沙咀半島酒店，向日軍投降。十八日保衛戰爭告終，香港已進入日佔時期。這段期間香港的社會民生、經濟發展，皆受到很大的影響。

日軍的管治方針

香港淪陷初期，日軍在半島酒店成立軍政廳，實行軍事統治，由酒井隆（1887–1946）任最高長官。1942年2月20日改置香港佔領地總督部，成為日本內閣的直轄機關，由磯谷廉介（1886–1967）擔任總督，下設民治部、財政部、交通部、經濟部、報道部、管理部及外事部，以總務長一名管理上述各部，另設立憲兵部，負責治安工作。1944年12月，田中久一

1941年香港淪陷後，日軍在港島舉行入城式，摘自《大東亞戰爭輝く戰果：ハワイ海戰 · マレ|沖海戰 · 香港攻略戰》，大阪：朝日新聞社，1942年。

（1889–1947）坐鎮廣州遙領總督一職，於 1945 年 1 月 2 日履任（到港三天）。

日軍佔領香港後，民政部部長矢崎勘十發表聲明：

大日本帝國於本月八日午前六時宣佈與英美兩國作戰，鑑於英美百餘年來對東洋侵略之歷史，及日本為保持東洋之和平，經過八閱月不斷對美作和平交涉經緯之苦心，則此次之宣戰為帝國興廢存亡著想，與乎為東亞百年大計著想，誠為不得已之舉。

香港為英國恃為侵略東亞之根據地已百年於茲，更因擁有百餘萬華人居住之故，英國遂利用之以與渝府勾結，作為抗日排日及援助渝府的中心點，帝國對此等被煽動之華人實懷無限憫惻之感，但老猾之英國，不了解帝國之真意，甚而至誤斷帝國之實力，而招致此次之膺懲，結果陷一己於崩潰之境，且復不顧百餘萬住民之處境，事前無良善佈置與準備，使一齊殉戰爭之苦，渝府之誤民，英國之魚肉住民，其罪惡實難以指數也。

現在香港已為大日本軍所佔領，本民政部同時宣告成立，一百數十萬之住民從茲得以脫離英人之苛政而向更生之途，不勝慶慰，所望住民人等善體帝國真意，共與戮力同心，一致向建設東亞新秩序之途邁進，是為本官所希望不已也。再本港前為渝府恃為抗戰之前哨地，方今渝府仍不悛改抗戰方針，繼續與帝國之敵國英美相互結託，帝國實不能輕予看過也，尤望中國住民認識南京新國民政府堅實躍進之實蹟，速行醒悟，過去之迷夢，與帝國協力，為新香港建設而邁進，總之，留居本港之善良住民之第三國住民，如不敵待我方，而行有害於我皇軍行動之行為者，帝國當著意保護之，宜各安守其業，否則，當臨以堅決之處置。

大日本軍民政部長矢崎勘十　　昭和十六年十二月

日人治理香港，實行以華制英、以華制華。英美人士為「敵國公民」，皆關押在集中營，以華人及印度人管理。又設立香港善後處理委員會、香港華民代表會及香港華民各界協議會，以華人出任主席，籠絡社會知名人士，協助解決社會及民生問題。在港九、新界設立地區事務所，由日人出任所長，下設 28 個區役所，各所設正副所長各一人，由華人充當所長，實行分區管治，港人的活動完全受到嚴密監視。

全港 28 個區役所如下：

港島 12 個區：中區（中環）、西區（上環）、水城區（西營盤）、藏前區（西營盤至石塘咀）、山王區（西環）、東區（灣仔）、春日區（鵝頸）、青葉區（跑馬地）、銅鑼灣區（銅鑼灣）、筲箕灣區（筲箕灣）、赤柱區（赤柱）、元港區（香港仔）。

跑馬地馬場，摘自香港日報社編《香港案內》，1928年再版。淪陷期間，馬場改名為「青葉峽競馬場」。

九龍 9 個區：鹿島區（九龍塘）、元區（九龍城）、香取區（油麻地）、湊區（尖沙咀）、大角區（旺角）、青山區（深水埗）、山下區（紅磡）、啟德區（東九龍）、荃灣區（荃灣）。

新界 7 個區：大埔區（大埔）、元朗區（元朗）、沙田區（沙田）、沙頭角區（沙頭角）、新田區（新田）、西貢區（西貢）、上水區（上水）。

嚴厲的經濟管制

日軍佔領香港後，以香港作為用兵東南亞的物資供應地，支持其推展太平洋戰事，故運走大量包括糧食的物資，因此，在三年零八個月的日佔時期，香港糧食供應不足，市面時有搶掠情況出現，致民生困苦。同時，香港經濟一片蕭條，不少商店被逼停業，直至社會秩序逐漸恢復，始重新經營。日軍將大部分行業編為「組合」（同業商會），在日人控制下，方可作業。

為控制人口及糧米配給，減輕糧食供應壓力，民治部成立歸鄉指導委員會，強逼疏散大量香港市民回內地，藉此減少人口，以解決糧食不足的問題；後來更強逼市民到海南島開荒，結果是餓死、病死者眾。據統計，1941 年前本港人口約有 1,600,000 人，1942 年 7 月為 1,022,773 人，1943 年 3 月為 967,868 人，1945 年 8 月戰爭結束時，香港人口只餘約 600,000 人。

由於糧食短缺，日軍規定食米實行配給制度。持配給證者，每人每日獲配米六兩四錢。1943 年 2 月以後，配額曾一度減至三兩二錢。其他副食品如糖、食油、鹽、蔬菜和肉類等由於極度缺乏，價格亦不斷暴漲，貧苦市民只有靠吃花生麩、樹根和木薯粉充飢，以苟延性命，飢民搶食現象經常發生。燃料亦十分缺乏，大部分公共服務，如電力、煤氣供應和交通運輸均大受影響。為擴建啟德機場作軍事用途，九龍寨城城牆被拆毀，宋王台石塊被炸毀。

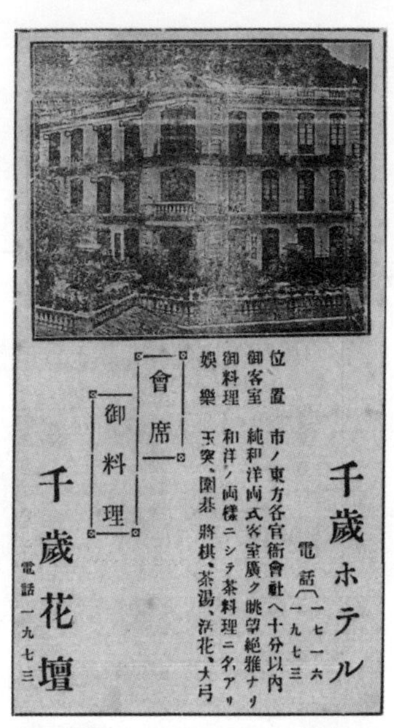

千歲花壇廣告，摘自香港日報社編《香港案內》，1928年再版。據《香港案內》記載千歲ホテル（旅館）位於灣仔厚豐里，千歲花壇（料理店）則位於堅尼地路西23號。

其時，金融活動陷於停頓，滙豐銀行、渣打銀行及有利銀行等英資銀行均被飭令停業，只有部分華資銀行提供有限度的服務。軍票（軍用手票）成為法定流通貨幣，強逼市民交出港幣換取軍票，初期規定軍票與港幣兌換價為 2 港元換 1 元軍票，1942 年 7 月提高兌換價為 4 港元換 1 元軍票，1943 年 6 月 30 日宣佈港幣停用。但日軍濫發紙幣，結果導致通貨膨脹，軍票不斷貶值，形同廢紙。戰後，不少持有軍票的市民，仍然堅持要日本政府賠償，並成立了香港索償協會。

抗日遊擊活動

1938 年，中共在廣東東江地區組織抗日武裝，1940 年 8 月部隊改編為廣東人民抗日遊擊隊第三及第五大隊，由曾生（1910–1995）、王作堯（1913–1990）、林平指揮，在惠州、東莞及寶安一帶進行敵後抗日活動。日軍侵港期間，黃冠芳、劉黑仔（?–1946）、曾鴻文等人奉命率眾進入新界，組織民兵。

1942 年 2 月 3 日，中共將派進港九地區的幾支遊擊武工隊合編，組成廣東人民抗日遊擊總隊，後改稱東江縱隊港九獨立大隊，由蔡國樑任大隊長，陳達明任政委，黃高陽任政治處主任，總部設在西貢，另有西貢中隊、沙頭角中隊、元朗中隊、市區中隊、大嶼山中隊等各地區分隊。整個港九獨立大隊約有隊員千餘人。他們收集英軍在棄守新界時遺留下的武器，並先後肅清新界地區數十股土匪，建立抗日遊擊隊根據地，同時，又建立海上中隊和護航大隊，與日軍開展海上及陸上的遊擊戰。

港九獨立大隊曾多次突襲日軍據點，擊斃不少日軍及漢奸。其中海上中隊以糧船灣為基地，經常破壞日軍海上運輸線，擊沉及擄獲敵船多艘。港九獨立大隊曾冒險營救大批盟軍及國際友人，據不完全統計，獲營救人士有英國人 20 多名（包括從集中營逃出的英國軍官及港府官員）、美國空軍機師 8 名，還有丹麥人、俄國人、挪威人等近百人。他們更營救了不少被困香港的文化界知名人士，如何香凝（1878–1972）、茅盾（1896–1981）、千家駒（1909–2002）、廖沫沙（1907–1991）等。他們離開香港，

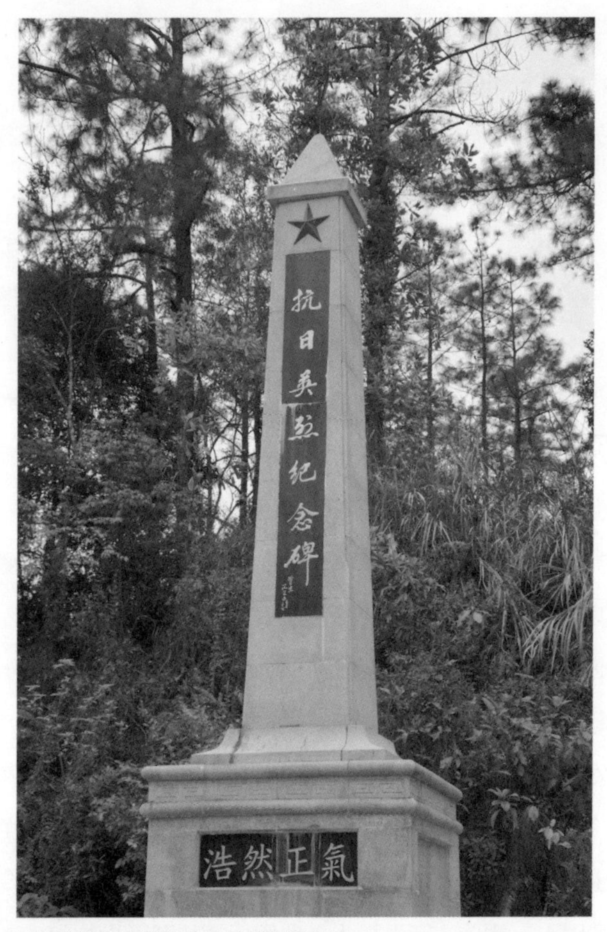

位於大埔烏蛟騰村的抗日英烈紀念碑

是為免成為日軍的宣傳工具。港九獨立大隊又和英軍服務團建立良好的合作關係，給他們提供情報及各種資料。

1947 年 4 月，英軍派員到西貢頒贈「忠勇誠愛」錦旗予西貢居民，以表彰他們在日佔時期協助盟軍的功績。西貢斬竹灣有「抗日烈士墓園」、大埔烏蛟騰村有「抗日英烈紀念碑」，以紀念當地鄉民英勇抗日的事蹟。

戰俘集中營

1941 年 12 月底，日軍佔領香港後，為了囚禁大批戰俘，在香港設立多座集中營，分別設於九龍深水埗（今麗閣邨、麗安邨及深水埗公園範圍內，即九龍深水埗近東京街一帶舊深水埗軍營）、亞皆老街（今香港眼科醫院及九龍城法院大樓）、馬頭涌（今馬頭涌道及馬頭圍邨部分地方），以及港島北角（今電照街遊樂場及英皇道遊樂場）、赤柱（今聖士提反書院及懲教署赤柱監獄部分職員宿舍）。

日軍在深水埗警署設立戰俘營指揮部，並把大約 7,000 名戰俘送到深水埗集中營囚禁，其餘的則被囚禁於北角集中營。其後，日軍將普通士兵和軍官分開囚禁，前者仍留在深水埗集中營，後者就被遷往亞皆老街集中營。由於集中營過分擠逼，加上糧食不足和環境惡劣，以致在集中營內腳氣病、痢疾和白喉等惡疾非常猖獗，尤以深水埗集中營最為嚴重，不少戰俘因得不到適當治療而死亡。1942 年中旬，便有數百名戰俘因患病死亡。

深水埗集中營

日軍佔領香港後，建於 1927 年的深水埗軍營，便淪為囚禁逾萬名被俘軍人的集中營，當中英軍為數過半，其餘的為印度兵、加拿大兵以及少數華兵、香港防衛軍等。香港重光後，駐港英軍重新使用深水埗軍營（包括南京軍營與銀禧軍營）。

馬頭涌集中營

馬頭涌初作馬頭圍，在 1938 年建成難民營，以收留撤退至香港的國民黨軍隊。日佔期間，難民營變為集中營，主要囚禁被俘的印兵。由於日軍並沒有履行《日內瓦戰俘協議》，給予戰俘適當的看待和照顧，大部分被囚戰俘均處於飢餓及疾病交迫之中。

亞皆老街集中營

亞皆老街集中營位於亞皆老街、太子道、科發道一帶，本用作收容難民，日軍佔領香港後，用以拘留被俘印兵。據在囚戰俘憶述，當時營內囚禁約 1,000 多人，其中 700 人為印兵，戰俘試圖維持營內秩序，卻經常因為糧食分配等各種問題爭論不休。隨著有戰俘成功逃脫，日軍對戰俘管理更加嚴密。1942 年，日軍重組戰俘營，亞皆老街集中營改作拘留被俘軍官，原有的印兵及華兵，被遷往別處；加兵及英國海軍軍人，被遷往北角集中營。重組後，亞皆老街集中營拘禁的戰俘多為軍官，另外有一百多名其他軍階的士兵，主要為勤務兵及炊事員。1944 年，亞皆老街集中營的戰俘被遷往位於深水埗的收容所，同年，原來的印兵又被移回亞皆老街集中營，直至戰爭完結。

據說，英軍軍官何禮文（Ronald Holmes, 1913–1981）曾經計劃從窩打老道地下排水系統，進入亞皆老街集中營，從而跟被囚戰俘接觸，並計劃請求東江縱隊協助，組織他們集體逃亡，但計劃因風險過高而告吹。聖德肋撒堂神父曾獲准前往 Ronald Holmes 集中營，主持彌撒等天主教儀式。

赤柱拘留營

赤柱拘留營位於港島赤柱半島，約為今天聖士提反書院及赤柱監獄外圍一帶，主要囚禁白種戰俘家屬。據統計，當時約有 2,800 人被拘禁於此，其中約有 2,325 至 2,514 人是英國人；成年人口中，1,370 名為男性、858 名為女性；16 歲或以下人口中，286 人為兒童，其中 99 人不滿 4 歲，港督楊慕琦亦曾被囚禁於此。

赤柱拘留營幾乎所有建築物，都用作囚室，除教室以外，聖士提反書院的禮堂、教師宿舍、科學實驗室及多間平房，皆住有大量被拘留者。赤柱監獄的獄長及監獄醫生宿舍被改建成為日本集中營總部，其歐洲警寓所平均住有 30 名被拘留者，印度獄警寓所平均住有 6 名被拘留者，單身印度獄警宿舍被改建為白沙灣 Tweed Bay 醫院。

北角戰俘營

北角戰俘營位於北角電照街遊樂場及英皇道遊樂場部分土地上，戰前這裏是難民營，日佔期間主要關押加兵及英國皇家海軍俘虜。1941 年 12 月 18 日晚上，這裏已經成為關押非華裔平民以及在灘頭堡、渣甸山及黃泥涌峽等戰役中被俘的西旅先頭部隊的營地。後來，英國皇家海軍戰俘被轉往深水埗集中營，只有加兵戰俘仍留在這裏。1942 年 9 月 26 日，加兵戰俘亦被轉往深水埗集中營，北角戰俘營關閉。

1945 年 8 月 16 日，昭和天皇（1901–1989，1926–1989 在位）發表終戰詔書翌日，被拘留者得以獲釋。約兩星期後，英國艦隊遣送走被拘留者，數星期後，拘留營被關閉。

震洋特攻隊駐港始末

神風洞位於南丫島索罟灣至蘆鬚城之間海濱，為一些在日佔期間挖掘的山洞。日軍挖掘此等山洞，用作收藏自殺式快艇，名為「震洋特攻摩托艇」，簡稱震洋艇。日軍計劃出動震洋艇撞擊駛過的盟軍戰艦，並與之同歸於盡，日本海軍對這種自殺式作戰部隊稱為「震洋特攻隊」，但計劃還未執行，戰爭已經結束。這些山洞並沒有正式名稱，後人以其作戰手法如同神風特攻隊，遂名其為「神風洞」。

第二次大戰末期，德國、英國、意大利及日本皆有發展特攻摩托艇，其中以日本的震洋艇較為出名，是由其海軍少將黑島龜

日軍建於南丫島的用以收藏自殺快艇的神風洞

人（1893–1965）提倡。當時黑島龜人擔任日本海軍聯合艦隊司令長官山本五十六（1884–1943）的重要參謀，為偷襲珍珠港及進攻馬來半島的主要策劃者之一。1943 年 7 月，黑島龜人調任軍令部二部部長，開始構思以最小損失取得最大戰果的武器，8 月他提出了「必死必殺戰法」，所謂必死，就是生存機率為零的犧牲式作戰，由此確定了震洋艇的基礎。

1944 年中期，日本海軍開始設計和開發震洋艇，共生產了 6,200 艘震洋艇。震洋艇長 5 米、闊 1.2 米，船身以三合板（膠板）製成，搭載豐田汽車引擎，船頭安裝撞擊引爆裝置，以引爆艇內的 250 公斤高爆炸性炸藥。當發現敵方船隻時，震洋艇便從洞內滑出海面，撞向敵方船隻，並引爆炸藥，通常是由多艘震洋艇同時出動，以狼群圍攻獵物方式，完成自殺任務。

日軍組成震洋特攻隊共 147 隊，其中第 35、第 36 及第 107 隊駐守南丫島，他們在沿岸挖掘出 20 多個山洞，每個山洞大小略同，深度約 20 米，用以收藏震洋艇。隨著日本在 1945 年 8 月宣佈無條件投降，部署在香港準備出擊的震洋特攻隊沒有取得任何戰果。香港光復後，英軍把日軍部署在香港的震洋艇悉數銷毀。

今天在索罟灣的神風洞，洞口大多已不是直接面向大海，有些已被山石淹蓋，因而較少被人發現。據估計，灣內能確定位置的洞口有 12 個，大致可以分為 3 組：第 1 組共 4 個洞穴，在索罟灣海鮮檔後山坡下，洞口已全被封閉。第 2 組共 4 個洞穴，在已荒廢的蘆鬚城學校南面家樂徑路旁，其中 1 個洞口放置了介紹牌；最接近蘆鬚城學校的1個洞穴口已長滿植物，洞內有蝙蝠棲息；其餘兩個洞口則已被填封。第3組共4個洞穴，在水泥廠及廢船廠後面山坡下，水泥廠後面的洞穴長期被水淹浸，另有1個洞穴則被人放置了「金塔」，其餘兩個已被填蓋。

忠靈塔建築始末

1942年，隨著日軍在各個戰場陣亡士兵數量越來越多，他們提出了「一朝戰死，忠靈報國」的宣傳口號，開始推行「忠靈彰顯運動」，建築忠靈塔作為陣亡士兵墳墓，是這個運動的其中一個部分。日軍特別在香港興建一座忠靈塔，以紀念侵襲香港期間陣亡的士兵，並於1942年2月9日下午奠基。忠靈塔建於寶雲山山頂上、灣仔峽與馬己仙峽之間，約為灣仔至金鐘之間對上的位置，當時未有太多高樓大廈，該位置在維多利亞港兩岸大部分地區均可看到，建成後將成為香港地標。日佔總督磯谷廉介（1886–1967）委派改建總督府的年輕工程師藤村清一負責設計。忠靈塔擬高80米，重900噸，以打算修建港督府的大麻石作為建築材料。興建忠靈塔地基時，連同一把日式長劍埋在塔底，以祝願日軍戰無不勝。1945年8月日本戰敗投降時，忠靈塔仍未建成。

1947年2月26日，香港時間下午4時29分，忠靈塔被港府以爆破方式拆毀，惟埋在忠靈塔下的長劍，卻不知所終。忠靈塔的地基仍然保存，於1951年在其上興建金馬倫大廈，門牌地址為馬己仙峽道34號。

興建中的忠靈塔

金馬倫大廈地基（忠靈塔遺址）

戰後香港的歸屬

受降權之爭

隨著美軍在中途島之戰取得勝利，成功扭轉戰局，日軍節節敗退，甚至不惜以自殺式攻擊去挽回戰局。1945 年 8 月 6 日及 9 日，美軍在日本廣島及長崎分別投下原子彈，15 日，日皇宣佈無條件投降。圍繞香港受降問題，中英兩國展開了一場外交角力。16 日，英國政府向中國發出照會，通報英國會派軍隊接收香港，並恢復對香港的管治。為此，中國外交部多次向英國駐華大使提出反對英國出兵接收香港。但英國國防委員會卻堅持要由英國艦隊前往香港受降：因英國不願失去香港這個遠東海軍基地及商業中心。此外，英國人認為香港是日本人從他們手中取去，如果他們不從日本人手中取回，是一件不大光彩的事，由是產生了受降權之爭。

美國認為這是軍事問題而非政治問題，只要中英雙方能從軍事問題上達成協議，並不反對英國接收香港。由於英國獲美國支持，中國惟有讓步：同意授權英軍代表中國，從日軍手中接管香港，惟英國反對。最後，為保持與英美良好和友好的關係，加上英軍已搶先進駐香港，造成既定事實，中國政府惟有再次讓步，同意由英國接受駐港日軍的正式投降。

英國重佔香港

8 月 27 日，英國海軍少將夏愨率艦隊從菲律賓蘇碧灣出發，30 日抵港，重佔香港，並宣告成立軍政府，進行戰後重建工作。蔣介石（1887–1975）因急於派兵北上和中共爭奪戰略要地，需要英國支持，乃默認英國接收的事實。

9 月，在中國代表潘國華少將、美國代表及其他同盟國代表陪同下，夏愨少將在香港總督府正式接受日本投降。不久，囚禁在瀋陽集中營的戰前港督楊慕琦重返香港，復任港督，軍政時期正式結束。

英國吸取了日軍襲港的教訓，在重佔香港後，對香港的防衛部署進行了檢討。因應軍事科技的發展，固定的海防設施已不能適應新式防衛需要，固定炮台逐漸被流動大炮所取代。

1945 年，香港錯過了回歸中國的機會，繼續超過半個世紀的英國殖民管治，至 1997 年 7 月 1 日才回歸中國。

上圖：總督府，左下圖：高等法院，右下圖：天主教堂，摘自香港日報社編《香港案內》，1928年再版。

※開埠以後香港的社會發展

CHAPTER 03

維多利亞城

開埠初期香港島人口分佈

1841 年香港島遭英佔領後，港府於是年 5 月 15 日進行首次戶口統計，其時的人口分佈如下：

赤柱	市鎮	2,000 人
香港	漁村	200 人
黃泥涌	農村	300 人
（亞）公岩	石礦場，窮村	200 人
石澳	石礦場，窮村	150 人
筲箕灣	石礦場，大村	1,200 人
大石下	石礦場，小村	20 人

群大路	漁村	50 人
掃桿埔	小村	10 人
紅香爐	小村	50 人
西（柴）灣	小村	30 人
大浪	小漁村	5 人
土地灣	石礦場，小村	60 人
大潭	小村，近大潭灣	20 人
索罟灣	小村	30 人
石塘咀	石礦場，小村	25 人
春坎	荒廢漁村	無人
淺水灣	荒廢漁村	無人
深水灣	荒廢漁村	無人
石排	荒廢漁村	無人
合共：4,350 人		
市集商戶		800 人
艇戶		2,000 人
來自九龍勞工		300 人
真實人口合共：7,450 人		

由此可見，其時香港島上人口已屬不少，惟北岸即今中西區，則只有群大路一條小漁村，人口只有 50 人。[1]

維多利亞城的創建

自開埠後，從九龍及鄰近地區來港島貿易者日增，1842年開設中環街市，1844年開設上環街市，兩街市皆只為簡陋市場，由香港商人向政府承租經營。1851年，洪秀全（1814–1864）等於廣西金田村起義，建立太平天國，至1864年，始為清廷平定。因戰爭關係，國內人士多南遷避亂，部分且遷入香港，加以其時港島社會安定，政府正發展其北岸，建維多利亞城，欲打造為港島都會，故至1850年代，港島人口大增。

1857年，港府首次將港島劃分區域（district）：[2]（1）維多利亞城：西角（即今西環）至東角（今銅鑼灣）天后廟；（2）筲箕灣：東角天后廟至餓人灣（今筲箕灣）；（3）西灣（今柴灣）；（4）石澳（包括鶴咀）；（5）大潭督；（6）赤柱（包括大潭、Ka Sew Wan〔？〕、黃麻角）；（7）香港（今石排灣一帶）；（8）香港仔（包括鴨脷洲）；（9）薄扶林。

同時，亦將維多利亞城一區再劃分七約（sub-district）：[3]第一約：西營盤 Sai Ying Poon；第二約：上環 Sheung Wan；第三約：太平山 Tai Ping Shan；第四約：中環 Choong Wan；第五約：下環 Ha Wan；第六約：黃泥涌 Wong Nei Chung；第七約：掃桿埔 Soo Kwan Poo。

由此可見，港島北岸最初只劃分七約，而上、中、下三環，則為七約內三約的名稱，而非約外另分的區域，當時亦未有「西環」地區。

[203]

APPENDIX II

ORIGINAL GAZETTEER AND CENSUS, MAY 15TH, 1841 n. 1

		Population
Chek-Chu	The Capital, a large town	2,000
Heong Kong	A large fishing-village	200
Wong Nei Chung	An agricultural village	300
Kung-Lam[1]	Stone-quarry—poor village	200
Shek Lup[2]	do. do.	150
Soo-Ke-Wan	do. Large village	1,200
Tai Shek-ha	do. A hamlet	20
Kwan Tai-loo 群大路	Fishing-village	50
Soo-kon-poo	A hamlet	10
Hung-heong-loo	Hamlet	50
Sai Wan	Hamlet	30
Tai Long	Fishing hamlet	5
Too-te-wan	Stone-quarry, a hamlet	60
Tai Tam	Hamlet near Tytam bay	20
Soo-koo-wan	Hamlet	30
Shek-tong Chuy	Stone-quarry. Hamlet	25
Chun Hum	Deserted fishing-hamlet	00
Tseen Suy Wan	do.	00
Sum Suy Wan	do.	00
Shek-pae[3]	do.	00
		4,350
In the Bazaar		800
In the Boats		2,000
Labourers from Kowlung		300
Actual present population		7,450

[1] i.e. A Kung Ngam. [2] i.e. Shek O. [3] i.e. Aberdeen.

1841年《香港憲報》所載港島人口分佈情況

面向維多利亞城的群大路石碑

1881 年，維多利亞城重新規劃，共分九約（sub-districts）：[4] 第一約：石塘咀 Shek Tong Tsui；第二約：西營盤 Sai Ying Poon；第三約：上環 Sheung Wan；第四約：太平山 Tai Ping Shan；第五約：中環 Choong Wan；第六約：下環 Ha Wan；第七約：灣仔 Wanchai；第八約：寶靈頓 Bowrington；第九約：掃桿埔 Soo Kun Poo。

其時，因人口日增，維多利亞城需加以發展，遂於西面沿海地帶，發展石塘咀為一約，又於下環約與黃泥涌約之間，新增灣仔約，共成九約。直到 19 世紀，未見有「西環」之名。上述規劃，至 20 世紀初仍然沿用。

20 世紀初維多利亞城的擴展

在 1900 年的《香港維多利亞城城市規劃圖》中，北岸所用地名，自西至東分別為：[5]（1）堅尼地城 Kennedy Town；（2）西角（灣）West Point：西海堤 Praya West；（3）上環 Sheung Wan：P&O 貨倉 P&O Wharf；（4）中環 Choong Wan：中海堤 Praya Central；（5）下環 Ha Wan：海軍船塢 Naual Yard；（6）灣仔 Wanchai：東海堤 Praya East；（7）東角 East Point：寶靈頓 Bowrington；（8）高士威（銅鑼）灣 Causeway Bay；（9）北角 North Point。

該規劃圖並無以約作分區，圖中將石塘咀約改稱堅尼地城，西營盤約改稱西角（環），太平山約併入上環，掃桿埔約改稱高

No. 68.

GOVERNMENT NOTIFICATION.

At a Meeting of the Executive Council held on the 4th instant, it appearing that under existing circumstances there is no necessity for retaining the Services of the Military Officers who had kindly undertaken to perform the duties of Justices of the Peace during the period of peril to the public safety:—

It was Resolved, that the thanks of the Governor in Council be conveyed to Lieut.-Colonel Dunlop, Captains Romer and Rotton, for the Magisterial Services they had rendered to this Government, during a time of anxiety and danger; and that, in consequence of the now changed circumstances of the Colony, they be relieved from the exercise of their functions as Justices of the Peace, from this date.

In conformity with the above Resolution, His Excellency the Governor has withdrawn the names of Lieut.-Colonel Dunlop, Captains Rotton and Romer, from the Commission of the Peace.

By Order,

W. T. BRIDGES,
Acting Colonial Secretary.

Colonial Secretary's Office, Victoria, Hongkong, 5th May, 1857.

No. 69.

GOVERNMENT NOTIFICATION.

His Excellency The Governor having approved of the following Division of the Colony into Districts (and in the case of Victoria into Sub-districts), as made by the Registrar General, under the provisions of Section VII of Ordinance No. 6 of 1857, the same is hereby published for general information.

Districts.

1. VICTORIA,—From the Stone Quarries at West Point, to Hoong-heong-loo (or East Point Joss-house).
2. SHOW-KE-WAN,—From Hoong-heong-loo to the village of Ngo-yun-wan, taking in Wong-kok-tsui, Chut-che-moey, Shui-cheung-wan, Show-ke-wan and Ngo-yun-wan.
3. SAI WAN,—The village of that name.
4. SHEAK O,—The village of that name including the village called Hok-tsui.
5. TY-TAM TOOK,—The village of that name.
6. STANLEY,—The village of that name, including the villages called Ty-tam, Ka-sow-wan, and Wong-ma-kok.
7. HEONG-KONG,—The village of that name.
8. ABERDEEN,—The village of that name, including Aap-le-chow.
9. POK-FOO-LUM,—The village of that name.

The District of Victoria is divided into Seven Sub-districts.

No. 1, Or SEI-YING-POON.—From the small village Westward, called Cowee-wan, to the end of Circular Buildings, including all the houses on Bonham Strand, West of No. 1 Police Boat Station.
No. 2, Or SHEONG-WAN.—From the Police Boat Station opposite Circular Buildings, to Gibb's Wharf at the Cross Roads, including all the houses on the North side of the Queen's Road between these two points, and also all the houses on the South side, and facing the Queen's Road, from Gough Street steps to the Cross Roads.
No 3, Or TAI-PING-SHAN.—From the end of Hollywood Road near Circular Buildings, to Gough Street steps, including all the houses on the South side of the Queen's Road between these two points.
No. 4, Or CHOONG-WAN,—From the Cross Roads to the Murray Barracks, including both sides of the Queen's Road, and also all the Streets and Roads South of the Queen's Road between these two points.
No. 5, Or HA-WAN.—From Murray Barracks to Observation Point.
No. 6, Or the village of WONG-NEI-CHOONG.
No. 7, Or SOO-KUAN-POO.—From Observation Point to the large Rock beyond Soo-koan-poo Village.

By Order,

W. T. BRIDGES,
Acting Colonial Secretary.

Colonial Secretary's Office, Victoria, Hongkong, 6th May, 1857.

No. 70.

GOVERNMENT NOTIFICATION.

It having been reported by the Treasury Department, that a large amount still remains unpaid on account of Crown Rents due on or before December 24th, 1856,—

Notice is hereby given, that on the expiration of Seven Days from this date, the Crown Solicitor will be directed to institute proceedings against all Defaulters in such respect.

By Order,

W. T. BRIDGES,
Acting Colonial Secretary.

Colonial Secretary's Office, Victoria, Hongkong, 9th May, 1857.

No. [illegible]

GOVERNMENT NOTIFICATION.

In [illegible]ordance with a Communication of the 1st instant, received from the Manager of the Oriental Bank Corporation, [illegible] it is hereby notified that, in consequence of the resignation of Mr SAMUEL GRAY, the Court of Directors of the [illegible] Corporation have made the following appointments of Officers in China, namely:—

Manag[illegible] Hongkong, and Principal Officer of the Corporation in China,—MR PATRICK CAMPBELL.
Sub-M[illegible]er at Hongkong and Canton,—MR WILLIAM LAMOND.
Agent at Sh[illegible]anghai,—MR JOHN SKINNER.

By Order,

W. T. BRIDGES,
Acting Colonial Secretary.

1857年《香港憲報》所載有關港島北岸維多利亞城及其各分區

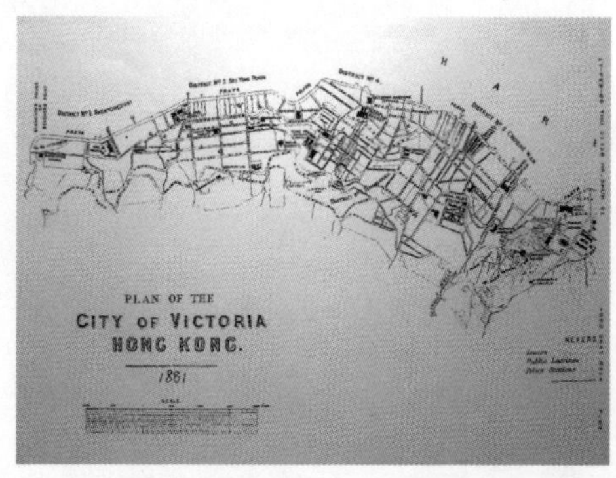

1881年香港政府頒佈的香港城市（北岸）規劃圖之一

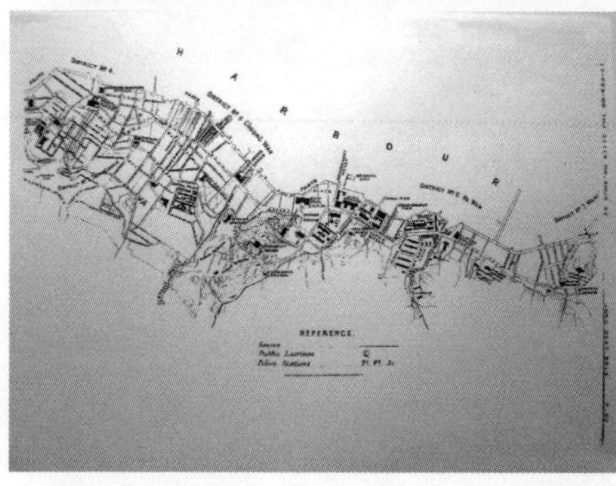

1881年香港政府頒佈的香港城市（北岸）規劃圖之二

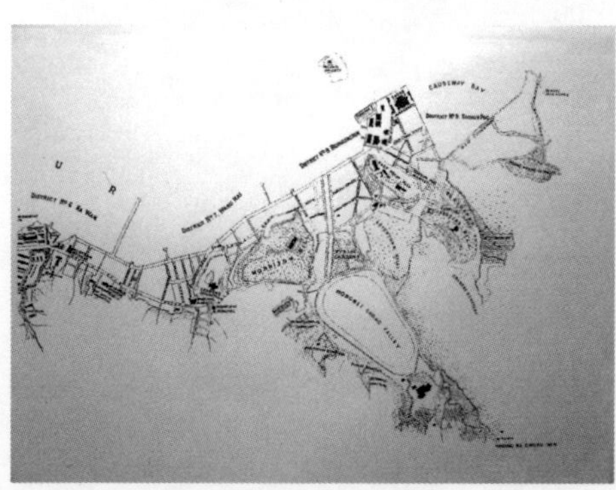

1881年香港政府頒佈的香港城市（北岸）規劃圖之三

士威（銅鑼）灣，另新增北角一區。其時，國內政局不穩，國人多避居香港，故創設堅尼地城及北角兩區以應付新增人口。[6]

1917 年的《香港維多利亞城城市規劃圖》仍沿用九約分區制度，惟名稱略異，各約名稱如下：[7] 第一約：堅尼地城 Kennedy Town；第二約：石塘咀 Shek Tong Tsui；第三約：西營盤 Sai Ying Poon；第四約：太平山 Tai Ping Shan；第五約：上環 Sheung Wan；第六約：中環 Choong Wan；第七約：下環 Ha Wan；第八約：灣仔 Wanchai；第九約：寶靈頓（鵝頸）Bowrington。

1920 年、1922 年及 1928 年的《香港維多利亞城城市規劃圖》所繪錄的各區名稱皆相同。

第二次大戰前港島北岸發展情況

1930 年所繪畫的香港地圖上，港島北岸已無再用約作分區，據該年出版的地圖，舊維多利亞城區劃分地區如下：[8]（1）堅尼地城 Kennedy Town；（2）石塘咀 Shek Tong Tsui；（3）西環 West Point；（4）西營盤 Sai Ying Poon；（5）上環 Sheung Wan；（6）太平山 Tai Ping Shan；（7）中環 Choong Wan；（8）寶靈頓（東角）Bowrington（East Point）；（9）掃桿埔 Soo Kun Poo；（10）大坑村 Tai Hang Village；（11）北角 North Point。

圖中並無灣仔及下環這兩個地名，之後政府出版的地圖，其地區皆與上述者相同。

大潭水塘，摘自香港日報社編《香港案內》，1928年再版。大潭上水塘建成於1888年，大潭副水塘建成於1904年，大潭中水塘建成於1907年，大潭篤水塘建成於1917年，統稱大潭水塘群，2009年列為法定古蹟。

第二次大戰後港島北岸發展情況

1945 年 8 月，日本宣佈無條件投降，三年零八個月的日佔時代亦隨之而結束，全境光復。初期，政府出版的地圖與 1930 年者相同。至 1950 年代，港島分區趨向簡化，1957 年的城市規劃圖，只分下列各區：[9]（1）堅尼地城 Kennedy Town；（2）西營盤 Sai Ying Poon；（3）中環 Central；（4）灣仔 Wanchai；（5）銅鑼灣 Causeway Bay；（6）北角 North Point；（7）鰂魚涌 Quarry Bay；（8）西灣河 Sai Wan Ho；（9）筲箕灣 Shau Kei Wan。

上述分區地名，一直沿用至今。

香港島自開埠後，人口日眾，發展集中於北岸，初有維多利亞城的創立，內分七約，其後擴展至九約，惟戰後分區，已無以約為名。

19 世紀末，上、中、下三環為維多利亞城內第四、五、六約的名稱，其時未有西環地區的設立，故「西環九約」一詞，想為民間俗稱，而無官方認可。

又西環英文名稱為 West Point，本當譯作西角，蓋 Point 為一小岬，港島突出北部的小岬稱 North Point，中譯北角，突出東部的小岬稱 East Point，中譯東角，惟 West Point 譯作西環的原由，則已難考，至今已成一社會通用名稱。

位於般含道末的1903年所立的城市界石

位於堅尼地城末的域多利道界石

【註釋】

1　其時，香港島上人口不多，且未有城市規劃，故未有區域劃分。1842 年的《砵甸乍地圖》、1843 年的《戈登地圖》及 1856 年的《香港維多利亞城城市規劃圖》，皆未有區域劃分。
2　1857 年 5 月 9 日《香港憲報》。
3　同註 2。
4　1881 年《香港維多利亞城城市規劃圖》。
5　1900 年《香港維多利亞城城市規劃圖》。
6　1901 年《香港維多利亞城城市規劃圖》所載相同。
7　1917 年《香港維多利亞城城市規劃圖》。
8　1930 年的香港地圖、1930 至 1945 年間出版的香港地圖所載者相同。
9　1957 年的香港地圖，其地名已為中英文對照。

開埠初期的香港

由港島、九龍及新界組成的香港

1842 年前（明清期間）的香港村，只為一條小漁村。1842 年，清廷將香港島割讓予英國；1860 年，再將九龍半島割讓予英國；1898 年，又將新界地區租借予英國。直至 1997 年香港回歸中國，成為香港特別行政區。

19 世紀末的香港

1841 年 5 月 15 日，英人在香港島上所作人口統計，記錄得聚落 20 處，陸上人口有 4,350 人，連流動人口共有 7,450 人。1842 年香港島正式割讓後，港府於北岸群大路處，設上市場 Upper Bazaar，其後改設中央（中環）街市 Central Market，1844 年設西區（上環）街市 Westrn Market。1845 年後，於上、中、下環各區山坡面海處，建築炮台及軍營，中環建造商用洋房，上、下環海濱處建貨倉。19 世紀中，國內發生太平天國運動及土客之爭事件，致大量人士遷入，令港島人口大增。

1857 年《香港憲報》刊載，港島北岸分 9 區，第 1 區下分七約。至 1880 年，港島北岸仍分 9 區，第 1 區下分九約（東西各增一約）。其時，上環太平山街一帶，為華人聚集之地，1847 年創建的文武廟及 1869 年創建的東華醫院，都是當時華人力量形成的重要標誌。

1888 年，政府於北岸半山地域訂定《歐人住宅區保留條例》，威靈頓街與堅道之間只准建築西式樓房（洋樓）。惟山下華人居住地帶則人口稠密，衛生環境惡劣。1894 年全港爆發鼠疫，上環及太平山區尤甚，死 2,550 人，港府派英軍及志願人士執行清潔及消毒工作，又於區內疫症嚴重地域，收地清拆村落，以絕鼠患，改善衛生，部分地方闢建今卜公花園及球場。

其時，九龍半島保留作軍事用途，炮台及軍營設置頗多，仍未進行城市建設，新界則未歸香港管屬。

20 世紀初的香港

隨著英人於 1898 年租借新界，1903 年開展城市規劃，沿線立石為界，今天的香港正式形成。其時，港島華人居住在堅道對下山坡，洋人則居住在堅道與羅便臣道之間。1904 年頒佈的《山頂區保留條例》，規定山頂區為洋人住宅區，至 1906 年，何東

山頂洋房，摘自香港日報社編《香港案內》，1928年再版。

向東望干諾道中，左中是天星碼頭，摘自香港日報社編《香港案內》，1928年再版。

（1862–1956）才獲准於半山及山頂建築何東樓及曉覺園，成為首位居住在半山區的華人。

港府在中環填海，形成一條海堤，畢打街與石板街之間逐漸成為商業中心，衙署、銀行、商廈相繼建成，港島開始成為香港的政治、經濟及商業中心。

上環為華商活動地帶，有「小廣州」之稱。太平山區為華人聚居地，有戲院、茶樓及娛樂場所（妓寨於 1903 年遷石塘咀）。1849 年填海旁石灘，建文咸東西街及永樂街等新街道。海旁碼頭林立，著者有三角碼頭。文咸東西街，聚集著經營南北各省貨物及東南亞、南洋各地貨物的商號，故文咸西街有「南北行街」之稱。干諾道中（中環街市至上環）多聚集著客棧及辦莊。干諾道西（上環以西）為食米批發業集中地。德輔道西為乾貨集散地，故稱「鹹魚欄」。

西角，亦稱西環，包括西海堤及西營盤等地，客家人士入遷後，於沿岸建貨倉，內陸設海味店舖，山坡闢為民居，並建有街市及醫院。

石塘咀初為採石之地，1903 年發展為紅燈區，有「塘西風月」之稱。1935 年港府取締妓寨，其地發展為商住地帶。堅尼地城原名西灣，曾為傾倒垃圾之地，稱「垃圾灣」，故 20 世紀初為厭惡性行業及機構集中地，有屠房、傳染病院、工廠及貨倉等。

下環濱海處為軍營及海軍船塢，山坡處建有軍營。灣仔（東海堤）一帶為商住地帶。東角，包括寶靈頓及鵝頸兩地建有工廠及貨倉等。銅鑼灣、掃桿埔及北角等地，在當時仍屬人跡稀疏。筲箕灣為一條漁村，亞公岩則為石礦場，皆在維多利亞城外。

開埠初期的教育與交通

官辦及民辦學校

開埠初期，英人著眼於防務與管治，故當時的西式學校教育，多由教會開辦。聖士提反女子中學於 1904 年創辦，聖保羅書院及聖瑪利書院也相繼於 1920 年之前建成。教會興辦學校，除傳授知識外，目的也在傳教。當時，政府亦予以鼓勵，以撥地或廉租形式，協助教會興建校舍。

除教會興辦學校外，華人亦有塾館（私塾）教育，俗稱「卜卜齋」。在科舉時代，富有者，一家一姓自辦塾館，聘請名儒碩學，教授子弟；貧窮者，則合資興辦。當時，南來的知識分子，多從事教育工作，執教私塾，或則隱居。港島著名的書塾，有子褒家塾。子褒家塾於 1918 年設立，舊址於堅道 31 號，後又增設女校於般含道 25 號，為陳子褒（1862–1922）所創立。陳子褒，廣東新會人，深受康有為的思想影響。1898 年戊戌維新失敗後，陳子褒東渡日本，明瞭救國之道，當先發展小學基礎教育，因而發起組織教育學會（1899）。1918 年，他從澳門遷居香港，設子褒家塾，1922 年在般含道校舍內辭世。

此外，政府亦有官辦學校，1862 年成立中央書院，1890 年更名為維多利亞書院，1894 年改稱皇仁書院。

1913 年，港府頒佈《教育法例》，規定所有學校，包括中文學校及教會學校等，必須向教育司註冊，是香港教育制度發展的新紀元。

外商辦學

外商在港捐資興學，以庇理羅士（Emanuel Raphael Belilios, 1837–1905）創立的庇理羅士女書院及埃利．嘉道理（Elly Kadoorie, 1867–1944）創立的育才書社為著。

其中育才書社創立於 1900 年前後，書社主席為埃利．嘉道理，副主席為馮華川、周東生、何澤生、冼德芬、廖紫珊、葉靄山、蔡子莊、古輝山、譚子剛、容兆譜，司理為劉鑄伯，司庫為阮荔邨、梁仁甫、黃竹友，總理為招雨山、劉渭川等。1901 年 5 月及 6 月間，書社兩次在本港報章上刊登勸捐啟事，共籌獲 20 餘萬元。

育才書社開設的書館共有 4 間：廣州育才書社在河南鰲洲外街，上海育才書社在白克路（今鳳陽路），香港西營盤育才書社在前西區育才小學之地，香港掃桿埔育才書社在銅鑼灣掃桿埔東院道。

西營盤育才書社於 1900 年興辦，1977 年重建，稱育才中學，1989 年遷沙田馬鞍山耀安邨，至 2009 年停辦。4 個書社各有掌教主持，惟皆劉鑄伯經辦。1916 年 1 月 1 日，香港兩個育才書社由教育司署接辦，並建校舍。

大專教育的起步

1887 年，香港西醫書院，在政府的支持下成立。該書院原名 Alice Memorial Hospital，為何啟律師（1859–1914）捐資興建，位於荷李活道，用以紀念其在 1884 年病逝的妻子雅麗氏（Alice Walkden）。

1908 年，港督盧吉（Frederick John Dealtry Lugard, 1858–1945）在聖士提反中學畢業禮上發表演說，提出創辦大學的建議。當時，富有的巴基斯坦籍商人率先響應，並捐出建校經費。英政府表示，辦大學必須有中國政府捐款贊助，港府才給予資助。幸兩廣總督張文駿捐款 20 萬，加上南洋華僑和香港工商界人士踴躍捐助，經費問題才獲解決。在各方人士努力下，香港大學於 1910 年奠基興建，於 1912 年 3 月 11 日開幕。

九廣鐵路的興建

1898 年，英廷強逼清政府簽訂《展拓香港界址專條》時，乘機提出建築九廣鐵路。其實，早在租借新界前，英人早有修築九廣鐵路的計劃，並參與中方對九龍鐵路的勘測工作。1899 年 3 月 28 日，怡和洋行與清廷大臣盛宣懷（1844–1916）簽署《九廣鐵路草合同》。1906 年，鐵路正式動工，1910 年完成，並於同年 10 月 1 日通車。

香港大學校園內的中山階

港九街道的發展

街道發展的三個階段

香港地區本屬農村社會，鄉村內未有街道之設。惟自開埠後，人口日增，都市發展，遂有設立街道的需要。香港街道的設立及命名，與都市建設關係甚大，其發展及命名，大致上分三個時期。

第一期：開埠到 1900 年間。其時，街道皆由政府及發展商開發，政府開發者由政府有關部門命名，多以皇室名稱、著名官員名字及英國名人名字等為名。房屋發展商開發的街道，多為私家道路，故有以自己名字命名，或以當地地形命名，亦有以吉祥名稱命名，以吸引置業者。

第二期：20 世紀初至 1941 年間。20 世紀初，中國政局動盪，國內人士南遷香港者大增，房屋需求亦隨之而增加。香港山多平地少，遂有填海發展之舉。其時，政府於填海獲得的土地上，首先規劃街道，並作命名，然後批予商人，建屋發展。其時街道名稱，多為港督或布政司的名字，亦有為歷史名人名字。此外，為使新遷香港的華人有歸屬感，部分街道以國內地方或城市名稱命名。1909 年，因部分港九街道名稱重複，故將其重新命名。

第三期：第二次大戰後至現在。除大量填海外，其時亦有不少新開發地區。這些地區的道路由政府有關部門規劃及命名，但已棄用政府官員名字命名。此外，因新開發地區為地產或土地發展商開發，故發展地段內的街道名稱，多由發展商命名，惟需經有關部門批准後，始可公佈使用。

街道命名舉隅

紀念英國皇室的街道

（1）英皇道：英稱 King's Road，本應譯作皇帝道，惟因紀念者為英國皇帝，故簡譯作英皇道。

（2）皇后大道：英稱 Queen's Road，時英國統治者為女皇，本應譯作女皇大道，惟因港人以中國只有皇后而無女皇，故中譯作皇后大道。

（3）太子道：英稱 Prince Edward

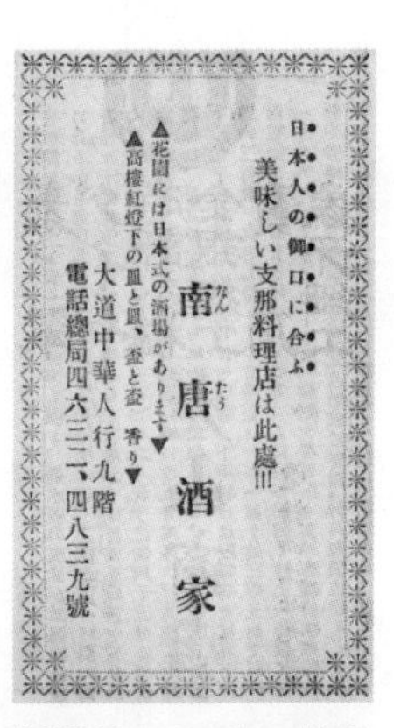

創辦於 1924 年、位於皇后大道中的南唐酒家廣告，摘自香港日報社編《香港案內》，1928 年再版。

Road，本應譯作愛德華王子大道，惟簡譯作太子道。

（4）域多利皇后街：英稱 Queen Victoria Street，為紀念英國佔領香港期間的維多利亞（域多利）女皇。

紀念港督的街道

（1）般含道：紀念第 3 任港督般含（Samuel George Bonham, 1803–1863）。

（2）麥當勞道：紀念第 6 任港督麥當勞（Richard Graves MacDonnell, 1814–1881）。

（3）軒尼詩道：紀念第 8 任港督軒尼詩（John Pope Hennessy, 1834–1891）。

山頂盧吉道，日本人稱為「雲の懸橋」，摘自香港日報社編《香港案內》，1928年再版。

（4）盧吉道：紀念第 14 任港督盧吉（Frederick John Dealtry Lugard, 1858–1945）。

紀念港府官員的街道

（1）必列者士街：紀念 1857 年間任職署理輔政司的必列者士（William Thomas Bridges, 1820–1894）。

（2）杜老誌道：紀念港督軒尼詩爵士任內的輔政司杜老誌（Malcolm Struan Tonnochy, 1841–1882）。

（3）菲林明道：紀念港督德輔爵士（George William Des Voeux, 1834–1909）任內的輔政司菲林明（Francis Fleming, 1842–1922）。

（4）馬師道：紀念港督軒尼詩爵士任內的輔政司馬師（William Henry Marsh, 1827–1906）。

紀念歷史名人的街道

（1）鴨巴甸街：紀念香港開埠初期的英國外相鴨巴甸伯爵（George Hamilton–Gordon, 4th Earl of Aberdeen, 1784–1860）。

（2）卑利街：紀念香港開埠初期的英國首相卑利（Robert Peel, 1788–1850）。

（3）威靈頓街：紀念於滑鐵盧戰役中大敗拿破崙（1769–1821）的威靈頓公爵（Arthur Wellesley, 1st Duke of Wellington, 1769–1852）。

（4）摩理臣山道：紀念該處小山，名摩理臣山。摩理臣為馬禮遜另一譯名，即倫敦傳道會傳教士羅拔·馬禮遜（Robert Morrison, 1782–1834）。

紀念著名商人的街道

（1）遮打道：紀念英商遮打（Catchick Paul Chater, 1846–1926）。

（2）旭龢道：紀念華商羅旭龢（1880–1949），因其英文名字為 Robert Hormus Kotewall，人誤以之為西方人士。

（3）寶珊道：紀念華商韋玉（字寶珊，1849–1921）。

（4）李陞街：紀念華商李陞（?–1896），因其英文名字為 Li Sing，早期曾被誤譯作「利星」。

紀念工商行業的街道

（1）銀幕街：紀念該處的民新電影製片廠。

（2）糖廠街：紀念該處曾為太古糖廠所在地。

（3）電氣道：紀念該處為首間電力廠所在地。

（4）華蘭路：紀念該處為前太古船塢西閘地段（Westland）。

紀念古建築的街道

（1）卑路乍街：紀念該處鄰近舊有的卑路乍炮台（Belcher Battery）。

（2）磅巷：紀念該處舊有的動物木柵（獸圈，pound），惟

左上圖：中環雪廠街，右上圖：歷山大廈（第一代），下圖：兩架並排的電車，摘自香港日報社編《香港案內》，1928年再版。

pound 亦可解作「磅」。

（3）雪廠街：紀念街口處舊有的冰雪廠（冰庫，ice house）。

（4）和富道：紀念該處原為北角貨倉（wharf）。

以地形命名的街道

（1）大坑道：因該處有一大水坑而得名。

（2）牛頭角道：因九龍灣海邊有一個形如牛頭突出的海角。

（3）黃泥涌道：因該處曾有一充滿黃泥的小涌。

（4）高士威道：因該處本為一橫貫銅鑼灣的石壘（堤）。

以內地省市命名的街道

例如：北京道、廣東道、上海街、江蘇街。

以植物命名的街道

（1）荷李活道：1844 年建路時，該處為一大片冬青樹林（Hollywood），該路遂稱荷李活道，英名就是 Hollywood Road。其命名較美國荷李活為早。

（2）通菜街：該處舊有芒（旺）角村，村民於村旁一帶種植通菜。1920 年代發展該區時，菜田被填平而建成街道，因名為通菜街，英文音譯為 Tung Choi Street。

（3）埃華街：1880 年建路時，該處一帶蔓生長春藤，該路遂稱 Ivy Street。惟中文名稱則照音譯作埃華街。

（4）荔枝角道：因該處濱海突出的海角，形如一顆荔枝，故名。

以古村命名的街道

（1）福佬村道：因該處舊有福佬（福建人）及學佬（海陸豐人）聚居成村，遂稱福佬村。1930 年代中期，該村被清拆，開闢的道路遂稱福佬村道。

（2）楊屋道：因該處舊有楊屋村而得名。

（3）馬頭圍道：因該處舊有馬頭圍村而得名。

（4）福全街：因該處舊有福全鄉而得名。

以吉祥意義命名的街道

例如：健康街、永樂街、模範里、長發街。

以行業命名的街道

（1）洗衣街：舊日旺角村村民洗衣的地方。

（2）花墟道：賣花小販集中擺賣的地方。

（3）晏架街：英譯稱 Anchor Street，該處舊日是船隻拋錨停泊的地方。

（4）賈炳達道：英譯稱 Carpenter Road，意即木匠路，蓋 20 世紀初，該處沿路兩旁皆有木匠工作，店舖多為木廠及家具店。

以宗教建築命名的街道

（1）廟街：因該處的油麻地天后古廟而命名。

（2）黃大仙道：因該處的黃大仙祠而命名。

（3）大王東西街：因該處的灣仔洪聖（大王）古廟而命名。

（4）觀音街：因該處的觀音古廟而命名。

以數字命名的街道

（1）西營盤：皇后大道西俗稱大馬路，上行第一街、第二街、第三街、高街。

（2）灣仔：皇后大道東俗稱大馬路，堅尼地道俗稱二馬路，寶雲道俗稱三馬路。

（3）新蒲崗工業區內八街：第一街改大有街，第二街改雙喜街，第三街改三祝街，第四街改四美街，第五街改五芳街，第六街改六合街，第七街改七寶街，第八街改八達街。

（4）油麻地六街：第一街改甘肅街，第二街改北海街，第三街改西貢街，第四街改寧波街，第五街改南京街，第六街改佐敦道。

重新命名的街道

（1）彌敦道：初名羅便臣道，因港島另有羅便臣道，1909年改名彌敦道。

（2）海防道：初名額爾金道，英譯為 Elgin Road。Elgin 一名，港譯伊利近。因港島另有伊利近街，故將之改名海防道。

（3）水坑口街：英譯為 Posession Street，本譯作波些臣街。惟 Posession 意為佔領，港人不喜用之。又以該處原為一大水坑的出口，故發展該街道時改名水坑口街，惟英譯仍保留 Posession Street。

（4）蘇杭街：英譯為 Jervois Street，本譯作乍畏街。惟街內商店多售賣蘇杭出產的絲綢，故港人多喜稱之為蘇杭街。20 世紀八十年代正式改稱蘇杭街，惟英譯仍保留 Jervois Street。

街道的俗名

（1）砵典乍街：俗稱石板街，因該街為大塊長條石板鋪砌而成。

（2）伊利近街：俗稱泥街，因該街路面為泥土築成，每遇天雨，街道滿是泥濘，晴天亦泥土遍地。

向西望干諾道中，右中是天星碼頭，摘自香港日報社編《香港案內》，1928年再版。

（3）士丹頓街：俗稱師姑街，因20世紀初期，該地設有眾多尼姑庵，故名。

（4）永勝街：俗稱鴨蛋街，因該街為出售蛋類商店的集中地，尤以售賣鴨蛋予漁民見著，蓋漁民需以鴨蛋蛋白來蠟染其漁網的麻線，使其保持堅韌。

日佔期間的街道名稱

（1）港島：中住吉通（干諾道中）、西住吉通（干諾道西）、東住吉通（告士打道）、中明治通（皇后大道中）、東明治通（皇后大道東）、西明治通（皇后大道西）、東昭和通（德輔道中）、西昭和通（德輔道西）、東大正通（堅尼地道）、中大正通（上亞厘畢道及堅道）、西大正通（般含道）、八幡通（莊士敦道及部分軒尼詩道）、春日街（怡和街）、冰川通（高士威道）、豐國通（英皇道）、出雲通（干德道）、霧島通（寶雲道）。

（2）九龍：香取通（彌敦道）、鹿島通（太子道）。

其他

（1）擺花街：英文名稱為 Lyndhurst Terrace，中文名稱為林德赫斯特台。早期該地西洋高級妓院林立，院內需要鮮花點綴，到妓院的男士亦需以鮮花作進見禮，故賣花小販多集中該地，華人遂稱該街為擺花街。

（2）詩歌舞街：英文名稱為 Sycamore Street，意譯為無花果街，華人不喜無花無果，若稱該街為無花果街，街上房舍甚難售賣，以其為不吉利之故，遂雅譯街名為詩歌舞街。

※開埠以後香港的治安與軍事

CHAPTER 04

社會治安的整頓

香港開埠不久，英人為了拓展商務，港府即劃定中區一帶為維多利亞城（包括今中環、金鐘一帶及上環部分地區），以皇后大道為中心。1843 年（一說 1847 年），女皇城正式命名為維多利亞城，1887 年興建中央警署（今中區警署），俗稱「大館」，作為本港警隊核心，以後增建各地警署，以 2 至 10 號命名；今日這種命名形式已成歷史，但西營盤警署仍稱 7 號差館，灣仔警署仍稱 2 號差館。警署的興建，須有警隊組織的配合。在英人管治港島之初，實行軍事管制，1841 年 4 月，從軍隊中借調一批士兵，用以維持社會秩序。1844 年，警隊始由招募的華人和抽調的軍人組成。時警察制服為綠色，故華人稱警察為「綠衣」。

開埠初期，港島附近海域常有海盜出沒，構成治安問題。海盜平時在村落匿藏，有行動才出海掠奪，頗難清剿。雖然港府與清廷多次會剿，始終未能根絕。時赤柱黃麻角的徐亞保和十五仔兩股海盜，勢力較大。1848 年，港督般含以海盜人多勢眾，遂請英廷派遣艦隊協助。1849 年秋，英軍出海剿盜：徐亞保受創，率殘部遁走；又重創十五仔，遂向清廷投誠。1850 年，英艦在大鵬灣遇徐亞保，再重創之。徐亞保由是而有歸順之意，遂赴粵投誠，途中為部下執獻英人，法庭判以無期徒刑，後在獄中自縊而死。至是，香港沿海海盜禍患，始得以平息。

軍事設施的興建

1841 年 1 月 26 日，中英兩國就鴉片戰爭談判議和期間，英軍硫磺號艦長卑路乍（Edward Belcher, 1799–1877）奉命將戰艦駛往香港島，並派士兵在水坑口一帶登陸。翌日，英國海軍准將伯麥（James John Gorden Bremer, 1768–1850）率領分遣艦隊抵港，並舉行了佔領香港島的升旗儀式。但香港島正式割讓予英國，則於 1842 年 8 月《南京條約》簽訂後才確認。

英國佔領港島後，即著手興建防衛設施，將香港發展成英國在遠東地區的軍事基地。1843 年 1 月，愛爾德克少校獲委為駐港皇家工程兵指揮官，負責監督建設永久性軍事設施。同時，英國軍器局命令哥連臣中尉（Lieut. Collinson, 1821–1902）率領一支工程隊前往香港，進行地形勘察工作。5 月，哥連臣中尉等帶著各種儀器和裝備，由英國烏里威克出發，繞過好望角，歷 5 月航程後抵達港島。

愛爾德克少校在哥連臣中尉協助下，對港島進行準確的地形勘察，並繪成精確的地圖。1843 至 1847 年，愛爾德克僱用本地勞工，於赤柱築成一間醫院、數幢兵營、一間軍事監獄，並於中區建築美利兵營軍官宿舍、糧倉、泵房，以及現今尚存的旗杆屋及其他軍事設施。

英人佔領港島後，很快地設立軍營：英軍及愛爾蘭士兵駐水坑口旁山丘，後稱大笪地，即今荷李活道公園處；印度僱傭兵則駐該地旁，即今摩囉街一帶，鄰近華人聚居地太平山街。早期港府對華人管制很嚴，明令禁止華人晚上 11 時後在街上行走；翌年，又規定每晚 8 至 10 時，華人上街，必須手持燈籠；10 時過後，一律不得外出；故當時華人，除一些商人外，對英人皆有仇視感。英軍在華人聚居地居住，不太安全，故在 1843 年，將軍營轉移至中區政府山旁，即今香港公園。為便軍營東遷，1841 至 1843 年，英人從上環至中環開闢兩條道路：其一為沿海的皇后大道，另一為沿山腰打通遍植冬青樹的荷李活道。

1846 年以前，港島無固定的海防炮台，只設置兩個流動炮台：皇家炮台及美利炮台，由一支皇家炮兵分遣隊駐守。1846 至 1854 年間，英軍在美利、威靈頓、奇力島、水坑口和西環等地修築了一系列固定炮台。這些炮台均建於維多利亞城內，以保護停泊於港內的船隻，皇家海軍則專責巡邏海港東西入口水域。除美利炮台安裝有 24 磅大炮及 10 吋臼炮，其餘炮台均置有 32

磅大炮。

當時，灣仔至中環之間，稱下環，為軍營地帶。當日的美利軍營，位於今花園道美利大廈與中銀大廈（前美利樓，今已遷赤柱灣畔）所在地。美利軍營北面近海處（今添馬艦的所在地），屬北軍營，築有皇家炮台，主要在鞏固海防；今日法院道附近，建威靈頓軍營，設威靈頓炮台。在軍營與炮台之間，即今灣仔警察總部，設有火藥庫，是今日軍器廠街名稱的由來。在今軍器廠街附近，當時有一大水坑，是灣仔（華區）與中環（洋區）的天然分隔。

維港防務的加強

1854 年，英國、法國、土耳其等國因宗教及經濟問題，聯手向俄國宣戰，引發了克里米亞之戰（1853–1856）。為了參戰，英國抽調駐香港及印度的軍隊投入戰場，使香港防衛空虛。就地理形勢來看，俄國從亞洲的海參崴調派軍隊南下，足可威脅香港安全。為保香港安全，香港的外籍人士，於 1854 年 5 月組成自衛兵團；其後，華人亦有參與，稱義勇軍（The Hong Kong Volunteer Defence Corps, HKVDC）；戰後，改稱香港團隊（The Hong Kong Regiment）；1997 年回歸前解散（1995 年 9 月 3 日正式解散）。

同時，為加強港島防務，英人在北角炮台山興建北角炮台，在西環（今贊育醫院、喬治五世公園附近）亦增置大炮，組成西環防線，稱「艾遮平房」（Eddger's Bungalow）。由是，港島的防務，漸向東西兩端推展。1860 年，中英兩國簽訂《北京條約》，九龍半島南端（今界限街以南）包括昂船洲在內，併歸英屬，英人遂在九龍半島建造 4 座炮台：九龍西 1 號炮台，位於舊尖沙咀水警總部；九龍西 2 號炮台，位於今九龍公園；九龍東 1 號炮台，在今訊號山山腳；九龍東 2 號炮台，在舊黃埔船塢附近，今黃埔新邨，正是當日該炮台所在地。黃埔新邨興建期間，一尊當日鑄造的大炮出土，現安置於黃埔花園商場前，供人觀賞。此 4 座炮台，與港島北岸沿線炮台，互相呼應，穩守海港安全。

更練團

19 世紀初，香港曾為海盜巢穴，英佔後海盜之患漸平，但宵小仍存，劫掠或謀殺案件，時有發生。港府為維持夜間秩序安寧，遂頒佈居民夜行條例，實行宵禁，規定晚上 9 時後，居民如因事外出，必須隨身攜帶「街紙」，即是由警署發出的通行證及燈籠，才可在街上行走，否則會予以拘捕。

民間亦設有治安組織，以協助港府維持地方治安，這就是更練團。更練，又稱更夫，是粵、港、澳地區一種民間自衛組織。1866 年 2 月，港島各環坊眾集議，決定正式成立更練館，將各區坊眾自發成立的更練隊伍整合起來，統一指揮。更練館，又稱更館，為更練聚集之所。8 月，他們報請港府批准成立。更練的薪酬，是由區內商戶每月向更練館交付。其後，各區更練增多，一區有多處更練，而且各區更練費不一，引起了不少糾紛。19

世紀末，香港較其他地區富裕，社會亦較複雜，各區更練尤能發揮互相守望的功能。

昔日華人社區除依靠警察維持治安外，因警力有限，不同社區自組更練團，聘請更練，駐守更練館內。更練團不直接隸屬警隊，但執行類似警察的工作，例如打擊人口販賣、捕捉盜賊等，對保護居民生命財產甚為重要。

四環更練館

19 世紀末，港府在華商要求下，容許他們在港島北岸維多利亞城的上環、中環、下環及西環 4 區組織更練團，自行維護該區治安事宜，這就是四環更練館，交由團防局管理。

1843 年以來，上環為華人聚居之地，隨著太平天國運動展開，不少挾著資金的內地商人逃難來港後，在上環一帶營生，隨著香港經濟逐漸發展成為華人主要商貿區，所以需要更練團維持治安，遂設立更練館設於太平山街。至於其他三環的更練館，中環更練館設於荷李活道，下環更練館設於石水渠街，西環更練館設於第三街。

南北行更練

香港南北行公所，現稱南北行商會，為香港首個華人商會組織，由南北行龍頭商號暹羅潮籍高滿華的元發行，聯同潮籍陳煥榮的乾泰隆行；粵籍招雨田的廣茂泰行、馮平山的兆豐行以及閩籍胡鼎三、吳理卿等華商合議，於 1868 年設立的同業組織，職責是排解不同鄉籍的華商之間的矛盾及糾紛，並維持南北行各業之間公平競爭，由招雨田擔任第一屆主席。

1920 年，南北行公所制定出《南北行例》，規定行內守則，組織更練以維持治安及滅火災等。其更練經常駐守在公所周圍的永樂街及文咸東西街各個店舖，以防宵小，經費由各商號捐助。南北行更練獲港府特許，可以在當值時佩戴槍械及穿著制服。惟至 20 世紀中，隨著警力日趨完善，此俗遂廢。

新界更練團

新界地區，例如元朗、大埔、荃灣等地，特別是不少鄉村屬於臨海地帶，偶有海盜侵擾劫掠，所以鄉民亦會自發組織更練團，以維持鄉間治安。新界地區的更練團多以村內祠堂或主廟的偏廂，作為更練團的總部。

更練的組織和待遇

更練分為練目、副練目、探目、偵目、偵探、一等練丁、二等練丁及三等練丁，其中練目是由撫華道任命，其他更練細分為巡邏的更練，以及查案的更練。巡邏的更練槍一般配備木棍及「銀雞」(銀哨子)，巡邏時間從晚上 8 時開始，每 4 小時一更。

更練館除獲得港府每年補助 100 元外，經費亦有賴各區商號捐助，方法是按照租值比率徵收，每 100 元租值徵收 1 元 2 毫

5 仙。例如 1891 年就由華商合資 7,200 多元，加上港府補助的 2,000 元，招募身強體健的華人擔任更練。更練團成員約有 102 人，至 1929 年人數增加至 125 人。

更練的廢止

20 世紀初，中環更練館撤銷，其轄區轉歸上環更練館管轄。為湊足四環更練之數，港府在九龍油麻地廣東道增設更練館，巡邏轄區由油麻地至深水埗一帶。直至 20 世紀中，隨著城市發展及警隊規模日漸成型，更練館亦完成其歷史使命。

在日佔期間，位於太平山街的上環更練館及第三街的西環更練館已被拆卸，遺址已無可考。迄今遺址可考者，僅餘位於石水渠街的下環更練館，今已改建成為高廈，現為聖雅各福群會工場。位於廣東道的更練館，現已成為梁顯利社區中心。

團防局

1842 年《南京條約》簽訂後，港島受英國殖民統治。開埠初期，香港警隊主要由英國人和印度人組成，但人數不多、警力薄弱，加上跟本地華人言語不通，所以難以維持社會治安，導致罪案頻仍。

當時港府對於保護華商的利益反應消極，大部分警察主要集中巡邏西人聚居的地區，至於聚居在中上環的華人，為守護財產及保障自身安全，多自發聘請更練，以維持地區秩序及治安。後來，更練組織日漸規模，港府遂將更練交由團防局負責管理。

團防局的工作

1867 年，港府設立團防局，成員以華人為主，設有 15 位華人局紳，由華民政務司兼任團防局主席，並由專責華人事務的總登記官監管，經費由華人支付。成立初期，團防局負責管理各區更練團，以彌補警隊的不足。

除管理更練團，團防局還要協助港府推動衛生政策，特別是1894年香港鼠疫大爆發，當時華人不信任西醫，也不信任殖民政府，導致許多鼠疫死者的屍體未被妥善埋葬，單是1894年，死亡人數就多達2,000多人。在此後近30年，香港衞生問題仍然嚴重，遂由團防局向華人宣傳衞生資訊，並執行港府頒佈的衞生法例。

團防局的發展

1891年以前，雖然團防局設有局紳，並全由華人出任，但局紳缺乏實權，未能反映華人意見。1891年，在韋寶珊（1849-1921）大力支持下，時任總登記官的駱克（James Lockhart, 1858-1937）對團防局進行改組，設立團防局委員會，以確立局紳的諮詢職能，使之成為港府諮詢華人事務的主要架構，令團防局發揮更大的力量。當時團防局委員會成員，包括有何啟（1859-1914）、李陞（?-1900）、韋寶珊、劉渭川及何福（1863-1926）等。從此，團防局被稱為「華人行政局」，韋寶珊亦獲續任團防局局紳。1918年，韋寶珊卸任局紳後，獲港府委任為團防局顧問，直到去世為止。

在韋寶珊擔任局紳期間，團防局得到很大的發展，他任內經歷5位總登記官，並一直跟香港警隊維持緊密合作。1910年，團防局轄下更練團巡邏範圍，已經覆蓋至半山區。1925 年，在油麻地廣東道新增更練館。後來，更練團擴展到旺角、深水埗。當時每區更練人數，據統計介乎 48 至 120 人之間。

1917 年起，局紳開始加入在華人社區中具有重要地位的東華醫院及保良局退任值理人士，藉此拉攏華人社群。

隨著 1941 年 12 月香港淪陷，團防局的工作亦被逼結束。戰後，團防局的功能，正式被香港警察完全取代。

香港警隊

1841年1月26日，英國海軍在西營盤登陸港島。英國公使義律上尉（Captain Charles Elliot）在2月2日向香港居民頒發兩條法律：華人繼續使用《大清律例》（中國律法及習慣），惟一切酷刑則予廢除；非華人則遵從《英國法律》。為了執行這些法例，義律在4月30日委任第26步兵團威廉·堅上尉（Captain William Caine, 1799–1871）為首席總裁判司，在軍隊中抽調人手，成立警隊，以維持治安。1844年5月1日，根據1844年法令第12號（No.12 of 1844），在憲報上宣佈正式成立殖民地警隊（Colonial Police Force）—— Hong Kong Police Force。同時，通過首條警察法例，授予警務人員權力執行職務。首家警署於1845年在上環荷李活道差館上街竣工。初期警隊編制定為35人，警員從英國各地招募，而裁判司及警隊首長職位亦正式分設。

第一次世界大戰前的香港警隊

1845 年 3 月，倫敦警察廳警司查理士・梅理（Charles May, 1817–1879）抵港，接管警隊，成為首任警隊總長。梅理將香港警隊發展至 171 人，在中區、香港仔及赤柱興建警署，同時首次招募華人，又提高對新入職警察的要求。

早期香港警察負責香港的治安問題，包括陸上搶劫、賭博、綁票以及海盜等，亦需負責人口登記、出入境事務、海關、消防、稅收、簽發牌照（包括出生證明書、身份證、商業、轎子、山兜、人力車、車輛、妓院、大煙等）、郵政、小販管理及潔淨局等相關事務。

1860 年，英國獲得九龍半島主權後，香港人口急速膨脹，港府需要重新組織警隊。同年，昆賢（William Quinn）出任警隊首長後，警隊從印度孟買步兵團招募人員，同時提高薪金，藉此提高士氣。1868 年，田尼（Walter Meredith Deane, 1840–1906）出任警隊首長，警隊編制發展至 598 人。此後，警隊從招募更多華籍人員，並且從愛丁堡警隊招募蘇格蘭人，來港擔任警官。

1864 年，位於荷李活道與雲咸街交界的中區警署建成，在 1910 至 1920 年代多次擴建。1869 年，第一所警察語言訓練學校成立。1870 年代，警隊積極本地化，提高招募華人比例、在非洲和西印度群島招募人員入伍，及繼續招聘蘇格蘭人擔任警官。1872 年起，警隊開始招募歐籍警官，來港任職。

1893 年，梅含理（Francis Henry May, 1860–1922）出任警隊

首長，設立警察訓練學校，規定新入職者必須在該校接受訓練後，才能成為警員。1898 年，英國展拓香港界址，3 年內警隊在新界 11 處興建警署，並且招募 300 名警員。

1914 年第一次世界大戰爆發，期間許多外籍警官離港，返回家鄉參軍。港府召集本地華人加入警隊，同時在沿岸及河流航行之船隻上，派駐主要由印度人（摩羅差）組成的反海盜部隊，作為護航，並設海關，緝捕走私活動，此即水警總區之雛形。

第一次世界大戰後的香港警隊

1922 年，警隊在山東省招募人手。同時依據警員之國籍，分別編成英籍及印籍、華籍與葡籍三個大隊。當時人員之編號被加上英文字母，以茲悉別其國籍及背景：A 代表歐洲籍，主要來自英國；B 代表印度招募之印裔，主要為旁遮普邦之錫克教徒，俗稱摩羅差；C 代表香港華籍說粵語之廣東人；D 代表在山東威海招募的山東人，俗稱山東差；後又加上 E，代表白俄羅斯籍人員。除上述種族人士投身警隊外，還有來自澳門、葡萄牙、土生土長之歐亞混血兒，及同為英聯邦之南非、澳洲、新西蘭及加拿大等地之人員。除以英文字母作為悉別警員之國籍及背景外，當時警隊亦以人員之編號作為族裔之識別，如：葡萄牙人之編號由 3,000 起，山東人之編號由 2,000 起。另外，於 1940 年代，警隊特別設立以 F 字母代表日本侵華期間，負責防空洞秩序的人員，為數約 30 名。

當時英國及印度警察佩槍；華人只佩警棍。另外，不同種族的警察人員佩戴不同警帽：歐籍人員戴設有尖刺之頭盔，後改為平頂帽，印籍警員依照傳統，以布包頭，華人警員則使用圓錐狀竹帽，後改平頂禮帽。警員夏季軍裝顏色為深綠色，後改卡其色 Khaki Colour，冬季為深藍色。當時，警員間之通訊依靠吹笛，所以當時民間流行說：「ABCD，大頭綠衣，抓不到人，吹 BB（銀笛子）。」

1923 年，刑事偵緝處成立，同時附設攝影科，共有 163 人。兩年後發生省港大罷工，警隊特別成立警察保護工人科。1927 年，後備警隊及當年負責防暴任務之衝鋒隊成立，以處理嚴重罪案及小型騷亂。1934 年，京亨利（Thomas Henry King, 1884–1963）出任警隊首長後，開始招募華籍副督察。

日佔時期的憲查

1941 年 12 月，日軍襲港，香港政府賦予警察憲兵的地位，協助駐港英軍及皇家香港軍團，共同抗敵。日佔時期，所有外籍警官皆被押進赤柱集中營為俘虜，大部分華籍警員，在局勢稍平時，回到所屬警署，繼續維持治安職務。其時，日本對香港施行軍法統治，警察改稱「憲查」，警帽上的帽徽轉換為五角星，制服左臂上懸寫有憲查編號的臂章，胸前佩戴寫有隸屬憲兵部及憲查編號的布塊。高級憲查的制服為白色，穿長筒靴，腰佩軍刀。憲查需要向日軍以日語敬禮。憲查的臨時上司為日軍在廣州、東莞及寶安縣等地的華籍保安隊隊員。當時犯案者極少，疑犯如被逮捕，被帶返警署紀錄後，繼而押往犯案現場當場處決。

1945 年香港重光後，這批憲查繼續在港執勤，為與其他警員識別，他們的編號上加上「J」字。此外，全部在日佔時期為香港治安作出貢獻者，均獲頒授 4 枚刻有「1939 至 1945」的勳章，以表揚他們在動盪時期仍然緊守崗位。不久，所有用作識別警察國籍的字母均被取消。

香港輔助警隊

1914 年，港府根據《香港法例》第 233 章〈香港輔助警隊條例〉第三條成立輔助警隊，其主要責任包括保護重要地點（包括警署及領事館等），提供額外警察力量，以及執行徒步巡邏。與此同時，在發生災難或緊急事故時，協助正規警察。

特別後備警隊的成立

開埠初期，警隊職務範圍非常廣泛，除執行徒步巡邏及滅火工作，同時要負責人口登記及出入境事宜。1855 年，太平天國運動興起，大量難民從內地遷移往香港，對香港治安構成威脅，港府招聘 76 名志願人員加入警隊，以支援正規警察。

1914 年第一次世界大戰爆發，英國對德國宣戰，香港因正受英國殖民管治，亦被捲入戰爭漩渦，香港警隊的英籍人員及香港居民，被徵召遠赴歐洲，參與戰爭，對香港警力造成影響。同年 10 月 27 日，立法局通過《特別後備警隊法案》，成立特別後備警隊，這便是香港輔助警隊的前身。

特別後備警隊最初僅有 29 名人員，其後名額增加至 352 人，當中以葡萄牙人最多，其次為中國人，其餘為英國人及印度人。1915 年 12 月 31 日，特別後備警隊人員名額達到 476 名，當中 191 名為中國人。當時特別後備警隊僅負責在黃昏 6 時至午夜 12 時徒步巡邏，人員分為兩更執勤，每更 3 小時。其時，特別後備警隊並無固定編制，因此並無招募人數上限，更無基本裝備及制服，往後港府才向隊員派發頭盔、警棍、卡賓槍及子彈等基本裝備。直至第一次世界大戰結束後翌年，特別後備警隊正式解散。

後備警隊及特別警隊的成立

1925 年 6 月至 1926 年 10 月，香港與廣州發生大規模工人罷工，也就是省港大罷工，在不穩定的局勢下，港府為加強警力，以處理突發事件，在 1927 年重組後備警隊。1930 年的後備警隊，由中國營、印度營、歐洲營及水警營組成。1941 年 12 月日軍襲港，港府成立特別警隊，以維持社會秩序。

皇家香港軍團

皇家香港軍團（Royal Hong Kong Regiment），又名義勇軍，在 1854 年成立，主要協助駐港英軍保衛香港，以及執行各種緊急救援工作。

皇家香港軍團的成立

1853 年克里米亞戰爭爆發，駐港皇家海軍被調往歐洲戰場服役，但當時香港海域及南中國海一帶有大量海盜活動，所以在 1854 年，港府徵召本地志願人士組織義勇軍，以填補防務空缺，成員大部分為居港英國人，他們由駐港英軍指揮。皇家香港軍團成立初期有 99 名歐洲裔港人入伍。參加者屬自願性質，當中不少成員在香港具有顯赫的身份。1868 年，香港局勢回復安穩，皇家香港軍團隨之被解散。

1878 年，香港炮兵及來福槍義勇軍（Hong Kong Artillery and Rifle Volunteer Corps, HKARVC）成立，在 1899 年參與進駐新界，雖然當時軍團成員屬志願性質，但由於英商在港從事洋行業務，聘有不少英國人到香港工作，故兵員充足，而且部分志願者曾於英國從軍，使軍團有足夠的領導人才，所以軍團雖屬後備性質，但在香港防務中也擔當著重要的角色。

香港義勇防衛軍的成立

第一次世紀大戰發生期間，皇家香港軍團炮兵被徵召往歐洲參戰。1917 年，港府通過《兵役法》，規定居港的英籍適齡（成年）男子，需服兵役。1920 年，皇家香港軍團炮兵改組為香港義勇防衛軍（Hong Kong Volunteer Defence Corps, HKVDC），同時取消徵兵制解除，頒佈《志願軍法例》，除包括一般抵禦外敵條文外，他們亦加入協助香港警隊及正規英軍的工作。香港義勇防衛軍亦招募本地華人入伍，並開始招募女性參與醫療工作。香港義勇防衛軍在 1933 年裝備了第一輛裝甲車，直至 1941 年香港保衛戰爆發前共裝備有 8 輛裝甲車，皆由黃埔船塢及九廣鐵路公司使用貨車改裝而成。

第二次世界大戰發生前，香港義勇防衛軍已包括高射炮連、炮兵連、裝甲車排、工兵排及重機槍連等，立法局在 1939 年 7 月通過了《戰鬥人員義務法令》，實施徵兵制，規定在港居住的適齡英國男性，皆需服兵役，因此，香港義勇防衛軍兵員多由居港英人組成，由於他們各有職業，平時無需常駐軍營，但要定期入營，接受軍訓以及參與演練。另一方面，加入香港義勇防衛軍的華人日眾，其中第 3 連有 117 人，大部分士兵為歐亞混血兒，故被稱為「歐亞部隊」，第 4 連士兵則全部皆為本地華人。1941 年 12 月，香港義勇防衛軍在歷時 18 日的保衛香港戰中，共有 172 名成員為港捐軀。

※開埠以後香港的重要行業

CHAPTER 05

工商業

開埠初期的工商業

英屬初期，因內地戰事頻繁，香港社會安定，國人遂大量遷入，遷入者多從事木匠、苦力、小販、家僕、轎夫、理髮匠及石匠等行業。當時港島北岸大量建造商廈及民房，建築業開始發展；房舍及公路建築需要石材，故打石業亦隨之而發展。1860年以後，商業更為發達，南北行、南洋行、金山莊、造船廠（黃埔船塢建於 1867 年、太古船塢建於 1902 至 1907 年）、商行、銀行（渣打銀行成立於 1859 年、滙豐銀行成立於 1865 年、有利銀行成立於 1892 年）、糖廠（太古糖廠成立於 1884 年）、製纜廠、染織廠、水泥磚瓦廠、麵粉廠及旅館等相繼設立，並提供大量就業機會。

開埠之初，港府為了營造維多利亞城，興築貨倉、工廠，修

尖沙咀九龍倉，摘自香港日報社編《香港案內》，1928年再版。

築馬路，尤其著意發展航運業。當時的銀行及商行，多集中在今中環一帶，令該區成為商業中心。其時的貨倉，多集中於今灣仔及銅鑼灣一帶。銅鑼灣為當日英資怡和洋行（Jardine, Matheson & Co.）的貨倉範圍，該地今已發展成百德新街及附近一帶酒店區，只留下渣甸坊（Jardine's Bazaar）、怡和街（Yee Wo Street）等街道名稱。北角的貨倉地區，於二次大戰後仍然存在，包括電燈公司放煤的倉庫及機樓，今已發展為城市花園；城市花園旁的北角倉（North Point Wharf），今已發展成和富中心，故有街道名和富道（Wharf Road）。中區向西，從西營盤至堅尼地城海旁一帶，皆有貨倉，但大部分已經拆卸，改建成住宅大廈，例如均益倉已改建為住宅。

20 世紀初的工商業

20 世紀初，本港依靠本土及內地原料供應及技術的傳授，開始生產物品供給內地市場。其後，外國人士來港貿易，購買籐器等商品，香港成為東西貿易的轉口站，工商業日漸發展，傳統漁農業漸轉式微。時因內地社會動盪，居民遷入香港，致人口大量增加，一方面加快本港工商業發展，對工業產品需求亦大增，加上內地傳統工業傳入令舊有土地不敷應用，故於沿岸填海，以增用地。1930 年代，東南亞地區社會極不安定，不少華僑帶著資金和技術遷入香港，開拓了南洋貿易的發展。惜 1941 年日軍襲港，其後在三年零八個月的日佔時期，有大量居民遷回內地，人口銳減，工商業變得蕭條。

第二次大戰結束後，香港社會滿目瘡痍，有待重建。當時民房多遭破壞，糧食、燃料及日用品嚴重短缺，英人的軍政府先實行統制政策，又在新馬地區，輸入糧食。統制政策實施兩個月後，除部分物資外，軍政府恢復自由貿易。

貨幣的出現

工商各業的運作與發展，需要有一套法定貨幣的支持。然而，英人在佔領港島之初，面對軍事設施的興建、海盜的騷擾、華洋的鴻溝、歐洲政治舞台的變遷等問題，未能全力兼顧貨幣問題。所以在開埠之初，香港並無獨立而完整的貨幣制度。

1842 年，首任港督砵甸乍（Henry Pottinger, 1789–1856）頒佈貨幣政策，規定西班牙銀洋、墨西哥鷹洋、英國銀幣及中國制錢等，皆可在香港流通。今日新界地區，一些廟宇內樹立的捐款碑記，所載的捐款，便有「大元」及「鷹元」。其後，由於市面銀元及銅質輔幣不足，港督夏喬士・羅便臣（Hercules Robinson, 1824–1897）建議鑄造香港貨幣。英廷接納其建議，但在香港設立造幣廠前，先由倫敦皇家鑄幣廠鑄造一批銀幣，運港應用。首批貨幣於 1863 年在港發行。

1866 年，香港造幣廠建成運作，該廠原位於今滙豐銀行，後遷至今銅鑼灣百德新街大丸家居廣場，如今該處仍有「鑄幣廠舊址」的橢圓形紀念銅牌。造幣廠因虧損甚大，在 1868 年停產。其後，面值較小的銀幣及「一仙」銅幣，仍由英國鑄造。

隨著香港經濟日漸繁榮，轉口港地位鞏固，稅收政策日趨完備，航運、金融、百貨業發展，急需統一貨幣，遂由本港銀行自發鈔票。

打石業

英佔以前的打石業

香港、九龍及新界等地地質，多為火成岩構成，石質甚為堅固，可供建路、築堤及建築樓舍之用，而從事打石的石匠，多為客籍人士，又以福建長樂，廣東嘉應州、惠州歸善等地人士為多。

17 世紀以前，區內房屋多以青磚建築，間有以石料為牆基，故石料需求較少。17 世紀末，粵東、粵北人士入遷香港日多，但耕地不足，不少入遷者遂以從事打石，幫補生計。清朝乾隆（1735–1796）末期，惠州石匠以香港島多石山，故聯群經沙頭角到九龍再渡海至港島西北岸山咀開石。該地稱大石下，即後來的石塘咀。

客籍石匠遷港

客籍石匠之所以遷居香港，原因有三。

（1）清初實行遷海，香港被廢置。其後展界，清廷為充實人口，因而鼓勵外地居民入遷，遂致客籍人士大量增加。[1]

（2）1842年，英人正式接管香港島後，修建維多利亞城（即今中區），[2] 增建道路，修築沿岸堤壩，導致粵籍人士來此經營工商各業者日增。其時，適逢廣東台山、鶴山、赤溪等地發生粵（土）客械鬥，部分該區居民遂南遷本港避亂。維多利亞城的修建需用大量石材，香港盛產麻石，可供建築之用，且遷來的客家人，多為採石及打石能手。

（3）咸豐年間（1850–1861），太平軍於廣西金田村起義，其勢力很快便擴展至廣東各地，該地居民，因避戰禍，遂闔家逃抵香港。其後，太平軍失敗，其餘眾亦有逃至香港隱居，甚至參與後來的革命運動。[3] 此等避難入香港者，皆需石材建屋。

石匠的類別

其時，本港石匠分廣府人（肇慶）、客家人（嘉應州、惠州、連州）等派：肇慶派善雕端硯、碑刻及小巧石具，材料多為水成岩；嘉應州石匠擅打石柱門框。打石工具主要為鐵鑿、鐵鑽、鐵鎚及鐵筆。

此等石匠再分為打蠻石、打光面石、打地牛、打碑石及打石碎5類。

（1）打蠻石者，即從各地石山鑿出完整石塊，並以此等石塊供建路及築堤等工程之用。

（2）打光面石者，即就石材磨打為平滑的石塊、石柱或石獅等物，以備建築樓宇較精細工程者用。昔年所建的樓宇，如高等法院、中國銀行等建築物，皆為光面石砌成，甚為堅固和雅觀。

（3）打地牛者，即將各石山所採的石塊，打成長方形石條，供建造屋宇、圍牆或石台基之用。

（4）打碑石者，即就石材雕刻文字，或浮雕，或雕刻物象，以作紀念碑及墓石之用。

（5）打石碎者，即將不整齊的石塊，打成碎粒，攙入水泥，用以建築樓宇及道路，或堆砌牆壁及地基之用。

當時石匠的取石方法是：先在石礦表面按所需材料鑿刻雛形，繼用手鑽沿線每隔數吋鑽孔，再以木楔子打入孔中，灌水入木楔子使其發脹，迫裂石塊。

採石地點

港島東北角筲箕灣及鰂魚涌為當時石匠採石的主要地點，大嶼山北赤鱲角島北端亦產石材，但採石工作集中在港島北岸、維多利亞城西方兩旁。東面包括：大坑、跑馬地、銅鑼灣、鰂魚涌、北角、亞公岩、筲箕灣；西面包括：西營盤、石塘咀、薄扶林。後來，採石地點擴展至九龍的土瓜灣、何文田、大角咀、昂船洲及四山（鯉魚門、茶果嶺、茜草灣、牛頭角）等地。石材以

位於鯉魚門的採石場遺址

大尾艇運輸，業者與石礦判頭立有合約，負責由工地運往建築地盤或外埠。

第二次大戰結束後，採石走向組織集團化、技術機械化，大量使用火藥開採。採石地點漸遷較遠地區，例如港島畢拉山、石澳工地灣，九龍大磡、鑽石山、安達臣道，新界藍地、南丫島。隨著近年港島石礦場封閉，九龍和新界採石受到限制，建築石材多從鄰近地區入口。

石行的勞資工會

石匠組成小組，承接工程，判頭則成立石行，僱請石工。勞資雙方先後組成東家行及西家行。

東家行

東家行為石行東主工會，名永勝堂，會員約有 120 人，中有值事兩人、經理 7 人。[4] 兩值事每年 6 月改選，可連任，[5] 其工作主要為籌辦每年銅鑼灣天后古廟前的天后寶誕慶典，及於廣州舉辦的魯班先師誕慶典。該行例會常於永樂街 44 號萬芳樓舉行。

香港永勝堂實為廣州總行分支，遇有重要或難決事情，則於廣州總行議決。會議於廣州大馬頭西石角石行會館舉行。[6] 該行規條甚為完善，該行於 1892 年所定行規如下。

茲我石行先師，始創由久矣，各宜遵守行規，定份營生。惟我城東西兩埠，前人設立舊章，新章入行，招牌亦而太輕。近來多有本行人，串謀外行人，在我兩埠內，新張石舖；始則耳聞；東家架造石料減價，承領不惜工木；繼則有名無實，虛浮營生，實屬不久。居業暨入行招牌之銀，毫無歸眾；人心稍變，攪壞生意，通行無規。六月十三誕期，齊集眾議，再設行規，各款章程，合眾同心。若有在兩埠界內，新張石舖者，每店必要入行，招牌銀弍十兩正。如有本行人同外行人合股新張者，加重入行招牌銀雙倍。自設之後，各宜遵規例而行，如有恃強抗行不遵者，值事指示，同兩埠合眾協力到他店向諭，公罰出行，不得徇情等弊；例在必行，特字周知。

⊙議西家行有帶徒弟，在東家舖幫米飯，必要幫回米飯銀壹拾大圓，七二兌。舖頭學師弟入行，銀三錢，幫米飯者，入行六錢正。

⊙議新張石舖者，必要先兌清入行招牌銀，交各值事收貯，然後亦可開張，開工准掛招牌，以免有誤。

⊙議家有行爛街者，不得承接東家新舊石料，如有承接者，查出公罰，永遠出行。

⊙議各石行並及石販賣石者，不得承接東家石料，並不准設廠包打光面石樸，如有私自與東家交易，查出公罰出行，各埠不得與他交易，報信者即謝花紅銀壹大圓，在各值事箱發給。

⊙議舊招牌或添改一字二字，必要入招牌銀拾兩正，不得徇情等弊。

⊙議舊字號召頂，有新人頂受舖底者，必須先除去舊底入行銀三大圓，仍補新入行銀壹拾柒兩捌錢肆分，亦可張開工，不得異說生端。

⊙議舊字號如親子侄承頂者，不用入行，招牌銀兩預先標明。

光緒十八年歲次壬辰閏六月十三日

城東埠東勝堂、城西埠榮勝堂等仝啟

其後，有外行者串接承辦石行工料，敗壞行規，故於 1895 年再立行規如下。

嘗思有律法，各行亦有規條。茲我石行在省南城外建造先師廟道，由來久矣。共成廿五埠，各埠立有規矩，分設東西二家，各有值事經理，每年六月十三日，彙齊到會館，慶賀先師寶誕，每有條款標明，各守營生，乃通財大道也。所有別行，不能承做我行石料。茲今本港多有外行，串接承辦我行工料，屢屢半途滋事，實屬壞我行規，緣因通眾再議定，公舉值事經理永勝堂工行事款，倘係行內有事，必須要東西家議過公正，方可行為，不得私自主意。無論我行值理，或各辦頭，若有包庇受賄，暗中頂名承做工程，此人一經查出，眾議出行，斷無寬貸留情。特字標明，以免後論。所有條款開列如下：

⊙議外行概坭工等，不准承做我行石料，倘係敢違，定必開工滋事，斷無容情，依正行規，預先標明，以免後論。

⊙議東西家必須要和合經營，不能過取所有，請西家僱工者，米飯菜餸，與照舊章而行，若有違例，於係自誤。

⊙議攬行患例者，西家停工，每日工銀弍錢肆分，如係公家有事停工，人工有無，續後再議。

⊙議每年紅香爐盂蘭建醮，定要眾議值理，或舊值事告辭，預先貼出，以供眾覽。

⊙議所有買石朴者，每兩抽厘銀壹分，每號至多限抽銀叁十兩為足，內償除金豬銀六大圓，如多不能計算。

⊙議各號買石朴，財部定要分明，存好不得私心等項，暗藏數部，若有違例，查出有據，眾議重罰出行，斷無徇情，各號自諒。

⊙議每年六月十三日，接省城先師龍牌值事，期限五月十三日到各號抄算厘頭，該銀若於至六月初九日俱一收清，如遲有誤誕期。

公舉值理

光緒二十一年十一月二十一日　永勝堂再立

西家行

西家行為石匠工會，會員約有 2,000 人，若有所需，則從廣州輸入千餘石匠，以協助工作。該行分嘉應州及惠州兩屬。

（1）嘉應州石匠的工會，有子、李家的聯盛堂，會員約有 100 人；[7] 丑、曾家的聯勝堂，會員約 200 人；[8] 寅、百姓家的聯義堂，會員為非李、曾兩姓石匠，人數約有 300 人。[9]

（2）惠州石匠的工會，有子、張家的瓊勝堂，會員約有 200 人；[10] 丑、百姓家的協勝堂，會員約有 300 人。[11]

1889 年時，該行所定規條如下。

嘗謂：朝廷有法律，茲我石行有規條。先師創業於來，流傳萬載。茲者，各號知悉，就念我西家章程款式，蒙香港華民政務司台前判斷，並及東西二家，眾議妥久得相安，就於己丑桂月初八，定立規矩列下：

⊙議各伴食米，要取式籮米。

⊙議各伴菜蔬、鹹魚、梅菜、青菜，要買中款每餐足用。

⊙議菜餸每伴晏餐買餸銀五厘，每晚每人買餸銀八厘正。

⊙議每月禡祭四次，每次每人肉銀四分，配菜燒酒在外，以上各款，不得減少，如違，任從西家值事人重罰。

⊙議各東家請各伴做工，散打銀實銀實碼，不折不扣。

⊙議各伴支唐洋錢每壹仟六人算，或支仙士壹體，錢百要足，粗錢要換。

⊙議各伴僱工者，工銀每壹兩扣厘頭銀壹分。散辦石者，每兩扣厘頭銀弍分，將此銀在各東家處抽貯，至每年六月初一，將銀交出西家首事人賀誕使用。

⊙議各伴買菜，使用生油，一概東家之事。

⊙議各伴辦到東家石料，先辦入未曾做，就口數目未清，後人不得替做，倘有抗蠻者，公眾議罰。

⊙議各伴須要上和下睦，不得恃強欺弱，倘有違者，公眾議罰。

⊙議每逢節氣，預早半個月算數，或逢過年、十二月初二禡祭定期。

⊙議各東主請到各伴僱工，蒙天度日，倘有身沾困危之疾，其東主料理，本人全愈（痊癒），方可計數，餘者，各安天命。

⊙議每年正月十三日，每伴所派之銀壹錢，眾議此銀不得開派。玆將存貯之銀另五十圓，歸入東華醫院，仍剩此銀，西家值事存貯，不得私使沒己。

⊙議各東家請到各伴僱工者，要壹個月方可算數，倘有不湊，要先聲明。

⊙議各號存貯厘頭，須要明白，倘有私吞厘頭者，公眾重罰，併及各項買不足者，有人執收砵為實，謝花紅銀四圓，倘有各伴橫心沒己者，公衆重罰。

⊙議新入學師者，入行銀五錢有半，江落來每人入行銀壹圓，有省城各埠落來香港僱工者，每名歸公所本銀三毫。

以上各款，我東西二家永遠遵守本分營生，各循規矩，不得異說。

著名的打石店號

開埠初期，港府大事建造公路，因致打石填路工程特盛。據1903 年 6 月 29 日練目馮冕調查港島西營盤第三約所得，區內接造打石填路頭人數目及其資料如下。

店號及地址	東主姓名	籍貫	工作類別
第三街 6 號義和	周義和	長樂	打光面石
第三街 16 號生利	魏天保	長樂	打光面石
第三街 80 號秀記	袁秀	嘉應州	打光面石
第三街 97 號炳記	鍾炳	長樂	打光面石
郭賢巷 3 號桂和	張桂	長樂	打光面石
大道西 340 號三樓安記	張安	長樂	打光面石
第四街 11 號東生	陳東生	惠州	打石填路
第四街 7 號成記	吳成	歸善	打石填路
第四街 17 號和昌	李和昌	歸善	打石填路

第四街 14 號同盛	吳保	新安	打石填路
第四街 28 號有利	張有	惠州	打石填路
第四街 34 號田和	李福	歸善	打石填路
第四街 63 號福昌	湯福	新安	打石填路
第四街 75 號公昌	邱水	歸善	打石填路
第四街 10 號榮泰	李炳	長樂	打石接路填海
大道西 355 號瓊記	曾瓊	長樂	打石接路填海

港島上環的東西家行

據 1903 年 6 月 29 日練目容益明調查港島上環第五約打石東西家行所得，區內東西家行店號及東主如下。

（1）東家行

店號	地址	東主姓名
鄧義合	德忌笠街 27 號	鄧四
刁五記	律打下街 2 號	刁金勝
秀記	第三街 80 號	袁壽（秀）
瓊記	大道西 355 號	曾瓊
桂和	郭賢里 3 號	張桂
—	大道東 263 號	魏三利
—	大坑書館街 3 號	李義勝

（2）西家行

店主姓名	地址	籍貫及現況
曾新有，曾釗	大道西 355 號	嘉應州人
周佐六	不在港	過埠
魏左五	第三街 16 號（生利管工）	嘉應州人
李福康	孖里臣街 41 號	嘉應州人
李觀	寶慶坊 11 號	嘉應州人
張貴	大鐘樓附近皇家碼頭張安記之管工	貴州人
張華	不在港	同鄉耕種
黃甲有，李石松	不在港	不在港

早期打石業重要人物

開埠初期，本港承辦打石及經營建築工程起家的重要人物，以鄧元昌、曾三利、曾瓊、袁秀、傅錫、李瑞琴及李漢四等人為代表。[12]

（1）鄧元昌

鄧元昌，原名酉元，廣東五華河口七都圍人，排行第六，故稱亞焦六，又稱打石六，於港島今荷李活道文武廟附近設元昌石行。其人誠實幹練，甚得港府信任，故昔日石塘咀至西營盤一帶石山的開鑿，多由其承辦。其人頗喜參神禮佛，後人多在銀行界任職。

（2）曾三利

曾三利，字貫萬，廣東五華圓田人，俗稱矮哥三，初在筲箕灣為人打石，數年後，設大元石行，向港府承開石山，獲利甚豐。越二十年，於今沙田建山廈圍大屋，人稱曾家大屋。

（3）曾瓊

曾瓊，廣東五華麻竹塘人，初在西營盤設瓊記石行，繼於皇后大道西設商號，向港府承建自中環至西環的石砌海堤、沿堤碼頭，及九龍長沙灣水塘等工程。對香港早期城市建設，貢獻甚大。

（4）袁秀

袁秀，字安成，廣東興寧羅岡人。年二十餘遷居本港，於西營盤設秀記石行，承辦光面石，兼建築工程，承建舊日中環街市。其哲嗣建卿，則承辦修築香港仔經淺水灣至赤柱的山崖馬路，及建築大潭篤下第二水塘的工程。

（5）傅錫

傅錫，廣東興寧邑城後街人，於本港設元利字號，承建各重要工程。其子金城，繼續發揚父業，遂成鉅富。侄秉常，畢業於香港大學，繼從政，於近代中國外交與立法，貢獻甚大。

（6）李瑞琴

李瑞琴，廣東五華大埔人，其父早遷香港，以承開石山為業。瑞琴幼即隨父居港，習建築工程，創榮泰建築公司，承接政府工程，修建政府屋宇，建造水塘。西營盤興建炮台工程，大灣、荃灣及大坑三地食水供應工程，油麻地至紅磡馬路工程，西環至香港仔馬路工程，荔枝角道至葵涌馬路工程，及大埔道至背子石水渠工程等，皆其所承建。舊日宋王台的石砌圍基，亦是其所捐建。

（7）李漢四

李漢四，廣東五華人，於上環寶慶坊設福信建築公司，承開石山及建築工程。族人李浩如，居住大坑，經營建築業；子惠堂，以足球絕技見稱，號「球王」。

客籍人士從事打石者，大多盡其勞力，建水塘、屋宇，築公路、堤壩，對香港早期的都市發展，其功甚偉。其後人除繼承建築外，亦有轉操其他行業，對本港工商各業發展，同樣影響甚大。

【註釋】

1 見拙著《清初遷海前後香港之社會變遷》(台北：台灣商務印書館，1986年)，〈客族之遷入〉。

2 維多利亞城，初名群大路，亦稱群帶路，是港島英屬後所創建的行政及商業中心，故稱中區，其後北岸分為四環，維多利亞城歸中環區內。

3 許舒博士(Dr. J. W. Hayes)於其"Old British Kowloon"一文中謂:「1860年時，太平軍頭目別號七腳飛天虎者，逃至九龍何文田村隱居。」該文載於《皇家亞洲學會香港分會學報》(1966年)。

4 1903年6月，永勝堂值事為袁壽(秀)及刁金勝，經理為張桂、周松、鄧義合、鄧四、李義勝、魏三利及曾瓊。

5 每年6月份，該工會呈交帳目，同時改選值事，惟值事可連任多次，但最長者只限7年。1903年值事袁壽，時已連任三屆。

6 該會館內有老(魯)班先師神壇。

7 1903年6月，該堂經理人為李福康及李觀維。

8 1903年6月，該堂經理人為曾招及曾新有。

9 1903年6月，該堂經理人為周佐六及魏左五。

10 1903年6月，該堂經理人為張桂及張華。

11 1903年6月，該堂經理人為黃甲有及李石松。

12 詳羅師香林教授〈香港早期之打石史蹟及其與香港建設之關係〉一文，載於《食貨半月刊》1卷9期。

灰窰業

甚麼是灰窰

石灰，古稱石燔，是以石灰石燒煉而成，或以海邊的貝殼（蠔殼、蜆殼）或珊瑚頭為原料。燒煉石灰及蠣灰的窰，呈圓形，以石塊及陶泥砌成。原料放入窰內，以煤或柴薪焚燒至脆，冷卻後風化成粉，便為石灰。唐以前少用石灰，蓋土著房屋，多為樹木搭成。其後，中原漢人遷入，多以磚石建屋，便需以石灰黏合。

石灰的用途

石灰製作，需經燒灰、化灰、篩灰、包裝等工序，需時 4 天，始能完成。剩下的渣滓，可作填海用。以蠔殼、蜆殼及珊瑚頭製成的上灰，可醃製生牛皮，塵灰可用作批盪天花。殼沙（殼

大嶼山海濱灰窰遺址

碎與幼沙混合）製成的沙灰用作批盪牆身。白灰用作煉糖。此外，石灰摻在泥土中還可作殺蟲劑。

考古發掘所見的窰址

大嶼山及西貢海旁，多有灰窰遺址出土，有單一的，也有多座聚在一起的，各窰成圓柱形，以陶泥砌成，建築簡單，散佈各處，所產石灰或蠣灰，供濱海漁民固其舟縫，或供鄉民黏砌屋牆之用。其中大嶼山二浪灣澄碧村沙灘的 3 座窰址保存良好。

據近年考古發掘所得，香港出土的灰窰遺址，凡 29 處，多位於濱海沙灘上。

（1）大嶼山

二浪：有 14 個窰完整出土。大浪：有遺物出土。蟹地灣：有遺物出土。貝澳：有灰窰出土。狗嶺涌：有遺物出土。石壁：有遺物出土。東南部三海灣：有灰窰出土。長沙欄：有灰窰出土。狗蝨灣：有遺物出土。塘福：有遺物出土。散石灣：有遺物出土。萬角咀：有灰窰出土。沙螺灣：有遺物出土。

（2）南丫島

蘆鬚城：有 10 個窰完整出土。深灣：有灰窰出土。大灣：有灰窰出土。達灣：有遺物出土。

（3）港島

春坎灣：有磚窰出土。沙灣：有灰窰出土。鴨脷洲：有灰窰出土。

（4）其他離島

長洲大鬼灣：有 5 個窰完整出土。赤鱲角：有灰窰出土。馬灣：有灰窰出土。蒲台島：有灰窰出土。

（5）新界

青山石角咀：有 1 個窰完整出土。葵涌（醉酒灣）：有灰窰出土。元朗新圍：有灰窰出土，惟距海灘較遠。

此等窰址的建造年代，有早於唐宋期間，惜邑志並無記錄，故詳情難考。

灰窰業的興盛

清朝康熙（1661–1722）中期，客家人遷入新界，建村定居，於原居地燒製石灰、磚瓦及陶瓷。西貢、荃灣、沙田、坪洲的灰窰多是當時建立。時所建灰窰，較為堅固，內壁以泥磚建築，外加石砌外牆，所產石灰量較多，品質較佳。西貢上窰村、海下村及荃灣海壩村，除產石灰外，兼燒磚瓦。除供本地使用外，亦有外銷鄰近地區。

香港開埠後，因開路建屋，磚瓦石灰需求大增。二次大戰前，本港有 10 多家灰窰，分佈於青衣、坪洲、流浮山、西貢等地。青衣島有新成利、遠利、永勝隆、林泗合及成興灰窰。坪洲有何宏利、勝利及東興灰窰。流浮山及西貢有泰豐灰窰。所產石灰遠銷外地。

其中青衣新成利，是王氏所創立，開埠時設在西環，繼遷尖

西貢上窰村

西貢上窰村古窰遺址

沙咀大包米附近，再遷深水埗，1915 年遷入青衣。

灰窰業的沒落

第二次大戰結束後，中國及日本白灰，開始運港銷售，其中中國白灰價錢低廉，而日本白灰因以機械生產，品質佳，所以港府規定政府工程要選用日本白灰。

此外，因白灰生產所需原料，來自斬伐樹木，或採挖珊瑚頭，既污染附近空氣，又影響海洋生態，故為政府所禁。繼因經濟不景氣，青衣新成利亦於 1960 年代初結業。香港的灰窰業亦走向沒落。

坪洲勝利灰窰廠遺址

捕漁業

歷史悠久的漁業

中國的黃海、東海及南海海域，資源豐富，為重要漁場。香港位於珠江口東，海岸線長，海灣多，位於鹹淡水交界。海灘多紅樹林地帶，為海洋生物繁殖之所。

紅樹林為生長於熱帶、亞熱帶地區河口，及海岸沼澤區域的耐鹽性常綠灌木或喬木樹林，為一些動物提供豐富的食物資源及庇護所，使免受惡劣天氣所影響。很多動物，如基圍蝦及一些雀鳥，會利用紅樹林度過整個或部分的生命周期，牠們常在紅樹林中尋找食物。紅樹林是地球上相當重要的物質循環區域，可惜人類於該等地區過度發展各類工商業活動，對這種生態環境造成破壞及不良影響。

魚鈎、魚網墜等文物間於香港海濱出土，可見先民與漁業關係密切。昔日漁業分海水捕魚及淡水養殖。海水捕魚者為疍家及鶴佬，鹹淡水交界處有利發展基圍，以捕捉魚蝦，岸邊地區可利用罾棚（吊網）打魚，水退時可在海灘撿拾蜆、螺、蠔等貝殼類生物。

漁船種類

疍家船及鶴佬船

香港漁船分疍家船及鶴佬船，船頭左右畫一大眼，故稱「大眼雞」船，兩者皆用槳划船。疍家船以木板（杉木或雜木）為製造材料，先用火燒彎木板，再用鐵釘連接，及竹絲桐油灰填空隙，用櫓麻布製成船桅，以薯莨汁染色及過膠，大船三桅，小者一二桅，尾部留作船艙，設廚房及睡房，並有祖先及天后神位，有上蓋，船尾多書「順風得利」。鶴佬船船身長扁，以草蔴製成。

捕魚船

捕魚船有拖船、索罟艇、釣艇、雙桅仔、釣魚船、鮮拖、鮮艇、罟仔漁船、蝦魚船，及雞尾炤（兩頭翹起的快船）、大杉罾等。

拖船是指船尾拖著魚網慢駛、以捕撈海裏中下層魚類的船舶。拖一網者稱單拖，其船兩邊有網板架各一。兩艘船合拖一張裝有網袖的袋型網，在海床上捕捉海底棲生魚類者稱雙拖，此為魚產量最高的捕撈方式。

大杉罾是在深海捕魚的漁船，有三架帆（桅），故名三枝桅。此船舶可拖兩張以垂網架支撐在船旁的拖網，進行捕魚，下網之深淺則視乎所欲捕捉的魚類而定，捕魚的深度一般不超過15 潯。

捕魚方法

延繩作業是以中鈎艇、門鱔艇為之。此法可於近岸或大海使用，是從船上放下配有魚鈎及餌的長釣魚絲到水中，魚食鈎上之餌而上釣。

刺網作業是以繩艇、澤角艇、孖䍜艇、鶴佬舢舨為之，為捕捉接近海床魚類的方法。從漁船將一道長方形刺網橫放海中，直達海床，網的頂部由浮泡升起，底部則由鉛塊墜下，形成一幅垂直的網牆，當魚群撞進網內，便不能逃脫而被捕獲。若游魚嘗試穿越網孔時，亦易為網眼所困。

罟（圍）網作業是以兩個側面刺網（罟）作業的大罟棚艇、罟棚艇、鮮艇拖或鮮艇型蝦拖為之，一般於晚上進行；先在船上放置燈光，以吸引游魚，另一艇則拉著魚網繞圈圍捕。此等漁船即大尾艇，常由帆船來推動，主要撈捕黃花魚和蝦，故又稱蝦艇。

蝦罾撈蝦稱為熨蝦。蝦罾為撈蝦工具，由兩根弓形交叉的竹篾和麻布組成，再由一長竹竿控制。竹篾須用毛竹製作，因別類竹子沉不下水。蝦罾沉到水中後，以人手握著長竹竿，提起蝦

香港仔漁港灣畔（攝於1950年代）

罾，動作如釣魚。

船艇保養

㷮船為保養木造船艇的方法。水漲時，將船駛上沙灘；水退時，將船底露出水面，先以長木條架起船底，或將船底翻轉，然後將底部附著的貝殼類和藻類等海洋寄生物剷除，繼用草束點火，將船身各部位㷮（熏）乾，然後於船底內外各處，塗上桐油灰，候桐油乾透，潮漲時便可出海。

大型漁船會駛往有上排設備的沙灘㷮船。漁船每月需㷮船 1 次，每年 3 月、4 月，貝殼類附生特多，更需勤加清理，否則會阻礙船隻航行。現時的鐵殼船仍需㷮船，工作在船塢處理，每年約需㷮船 3 次。

漁民使用的漁具為網及繩纜，以麻線絞成，再用薯莨漿染，使之柔軟，再以鮮鴨蛋蛋白「過膠」（作保護膜），使之耐用。浮泡則用竹或木製成。其他捕魚用的漁具多以竹篾或麻織成。

漁船停泊的港灣

漁船停泊的港灣，有香港仔、赤柱、筲箕灣、長洲、大澳、青山灣、流浮山、布袋澳、西貢、滘西、塔門、三門仔、圓洲角、船灣及吉澳等。疍家漁船散佈各海灣，鶴佬漁船多停泊東部海灣。其中重要漁港有長洲、香港仔、青山灣、筲箕灣及大澳等。

銅鑼灣避風塘，摘自香港日報社編《香港案內》，1928年再版。

長洲為香港離島，形似啞鈴，故名，早於明代，已為一繁盛漁港。島上居民多以漁農為業，其後營商，清朝乾隆年間（1735-1796），發展為墟市，以出售漁獲和海產為主。

香港仔為港島南區繁盛漁港，香港島英屬前，華南漁民已經在此集居，故曾為漁船群集的漁鄉，及漁民聚居的水上漁村。

青山灣位於新界屯門海濱，該處海岸線長，灣畔有高山屏護，為天然的避風港，故漁民多聚集該地。惜 20 世紀中期後，隨著填海發展，該地已成今屯門新市鎮。

筲箕灣形似大筲箕，故名。早期漁民以該處為避風良港，故吸引漁船停泊。惜 20 世紀中期以後，同樣因為填海發展，該地已成為市鎮。

大澳位於大嶼山西岸，宋代時為產鹽之地，明代發展為繁盛漁港。明清兩朝均曾派兵駐守。島上居民多以漁農為業，其後營商，以出售漁獲及海產為主。該地為漁船群集之地，部分漁民於水畔建棚屋居住，出售漁獲和海味，並製作蝦醬出售，今已成著名的觀光勝地。

漁民的信仰

漁民俗尚早婚，人口繁殖快，多子女，崇拜天后（有天后廟）、北帝及洪聖（有洪聖廟），每逢神誕（農曆三月二十三天后誕）、新年、端午、中秋便回港口拜祭，及補充糧水。漁民一般經濟環境不佳，無力造船或修理，僱請工人，及添置新漁具。

天后廟幾乎遍佈本港每個港灣，如香港仔、赤柱、佛堂門、鯉魚門、銅鑼灣、油麻地、長洲、坪洲等處，數量居本港廟宇之首，大都終年香火不絕。天后廟本建於岸邊，後因填海發展，今天不少天后廟已遠離海岸，惟其所在可見證昔日海岸位置。

魚類的養殖

除出海捕魚外，香港漁民亦會養殖魚類出售。

香港早期的鹹水養殖是於沿海魚塭進行，魚塭即在海邊平地上，掘土作池，引水養魚，以傳統的淺坪式養殖虱目魚，並混養蝦、蟹、貝類、龍鬚菜，以半集約式的綜合經營為主，爾後則轉型為蝦、海水魚及文蛤的集約式單養。

位於南丫島索罟灣的天后廟

位於鴨脷洲的天后宮

海面養殖可分為淺海養殖及海面箱網養殖。淺海養殖是在潮間帶及低潮線以外的淺海區進行，利用自然環境的天然生產力，特別是植物性浮游生物，或以養殖魚類。箱網養殖是在近海或內灣中架設網具，使網具浮在水面，再施放魚苗，以人工投餌方式養魚。

養蠔業

流浮山的養蠔業

蠔，古稱牡蠣，因其為「純雄無雌，故有牡名，曰蠣蠔，言其粗大也」。附生在沿海淺灘石上，以水中浮游生物為食料，以分泌黏液牢固連結一起，層疊成堆。

珠江口兩岸，屬鹹淡水交界，浮游生物多，成為蠔的良好生長地。唐家灣、珠海、沙井及香港后海灣一帶，包括新界流浮山等地，都有天然蠔田及人工蠔田（人工種蠔），以出產蠔油及曬乾的蠔豉聞名。

后海灣流浮山一帶的養蠔業，已有數百年歷史，蠔田分屬新安縣沙井、固戍及元朗廈村。流浮山蠔田屬廈村友恭堂鄧族祖先建立，輞井村的蠔田，屬裕和塘經營。收益皆作公益及按子孫房數分配。第二次世界大戰後，蠔田租給蠔民。蠔民先後從沙井購入幼蠔，再在流浮山附近水域放養一段時間，待其長大後供應本地市場。

養蠔的方法

蠔（蜆）生於水面下泥灘，稱沉田，亦稱蠔塘。以竹竿樹立田的邊界，劃分蠔田。第二次世界大戰前種蠔的方法是，先燒石至紅，投海中，蠔生石上。或以蠔房投海中，一房一肉，水漲房開取食，水退房舍自固。其殼可砌牆，或燒灰，肉可食，曬乾成蠔豉。

蠔民在后海灣畔開蠔（攝於1950年代）

第二次大戰結束後，種蠔改用三合土製成蠔種板或蠔種棒，於5月、6月間將其插海灘上，半入泥中。母蠔將卵（蠔灰）射板或棒上，並將之孵化。兩個月後成小幼蟲，在附近游泳。半年後成芝麻般大的小蠔，其殼黏板或棒上。首年時，每隔數月需將板或棒搬動一次，以防泥土活埋幼蠔。一年半後，再將板或棒移至較深水處，排列成行，並需緊貼，以免風浪將幼蠔沖走。第二年，蠔較大，再移至深水處，板或棒長埋水中，經五六年生長，即可收穫，稱為「打蠔」。蠔忌陽光、颶風、暴雨、田螺（分泌毒素）、蠣鷂、小蟹、魚及海星。

採蠔方法為，當潮水退時，塗坦露出水面，蠔民利用塗坦上淤泥表面的張力，以泥橇（一塊上裝把扶手、長約半公尺的木板）於淺灘上滑行，將收集到的蠔，放進掛在扶手旁的小籮，再送到市場，用鐵製的「蠔鑿」將蠔剝開，即時售賣，以保新鮮，蠔殼則交灰窰廠燒成灰。舊日，以蠔每年陽曆十月至翌年三月間最為肥美，故多於其時收採，今天則已全年掘採。

基圍與魚塘

甚麼是基圍

江流沙泥沉積，於水下堆成沙灘或沙堤，適宜魚類浮游。沙泥的沉積，至低潮時成淺水，小船行走亦有困難，稱水坦，櫓亦難施。沙泥沉積至潮退時，遂露出水面，泥土成漿狀，稱白坦，鶴能立其上覓食。沙坦露出水面，野生耐鹵植物生其上，稱草坲。坦面愈高，泥愈堅實，於四周築成基圍，遂成沙田。

圍內泥土鹹度高，可植鹵水稻田，稱蝦稻。雨季水漲時，可引入淡水，減低鹹度。淡水入圍時，漁戶於水閘設網罟，捕水中魚蝦（基圍蝦），稱魚埠，亦稱魚坲。數年後，鹹度減低，可植水稻，圍內養鴨，啄食田中水生害蟲、生物、雜草及剩餘穀粒，農戶稱鴨埠，亦稱鴨坲。基圍內可開魚塘，挖出泥土供加強基堤，塘內養鱅、鯇、鯪及烏頭等淡水魚。基坦可種桑葵（桑基魚

落馬洲的基圍與魚塘

漁民在落馬洲河口基圍扒蜆作業

塘）及蔗果。

元朗的基圍與魚塘

香港新界的基圍與魚塘，多位於元朗山貝村、橫州、南生圍、南邊圍、西邊圍一帶。這些地方本屬地方宗族風水塘，由宗族或團體集資建築基圍，再分租予佃農承耕，所得收穫分配宗族成員使用。佃農於基圍上搭蓋房舍居住，種植禾稻，及飼養魚、蝦、蟹等水產，數代後成村落。著者有荃灣關門口村及海壩村、上水料壆及壆圍村。亦有於河谷出海口淺灣處建基壆成潮田，著者有沙頭角南涌、荔枝窩、西貢沙角尾、南圍、北圍、榕樹澳、荔枝莊、赤徑、九龍藍田、大嶼山梅窩、貝澳等地。

魚塘周圍築有高堤壩，以防潮漲、風暴及暴雨，分淡水塘，以培育魚苗，及鹹水塘（基圍）。魚塘水約深 2 米：上層飼養愛吃浮水面食物的草（鯇）魚及烏頭等，中層飼養愛吃上層魚排洩物的大頭魚及福壽魚，下層飼養愛吃上中層魚排洩物及塘底小螺及其他生物的鯉魚、白鯽、杉尾及生魚。

元朗基圍與魚塘的發展

1920 年代，基圍與魚塘所產的蝦獲及漁獲始作商業出售。當時，趙姓宗族於天水圍生產稻米（白米、紅米），分該地為三部分：白沙里種白米，中河里及聯德里近海種紅米。1965 年上游改為魚塘，1975 年全改魚塘。1927 年，胡南生建南生圍魚塘，後轉讓傅氏。1930 年代，林姓宗族在山貝村附近建魚塘。又橫州大利公司建 13 個魚塘，半位橫州，半位錦田。1940 年代後，佃戶放棄種植禾稻，集中飼養基圍蝦、烏頭、生魚及其他淡水魚。例如和生圍，本屬水稻田，1960 年代改為魚塘，1981 年建成大型屋苑加州花園，但仍保留部分魚塘及一條鄉村。大生圍，本屬水稻田，1960 年代改為魚塘，1970 年代建成大型屋苑錦繡花園。

※開埠以後香港的不同族裔

CHAPTER 06

葡萄牙人

香港開埠以後，在澳門的英國駐華商會辦事處遷移往香港，其中部分職員為葡國人。

早期香港的葡萄牙人較多擔任翻譯文員，但港府不視他們為歐洲的葡萄牙人，以其已「亞洲化」，所以自澳門移居香港的葡萄牙人，其地位只略高於華人，惟低於當時居港的英國人、法國人及德國人。

1849 年，澳門首任總督亞馬留（1803–1849）被村民刺殺，導致社會動盪。1874 年，澳門發生甲戌風災，對澳門社會民生造成極大影響。因此，不少在澳門的葡萄牙人以決定前往香港發展。19 世紀末，葡萄牙人集中在中環堅道至卑利街一帶地方居住。因為他們信仰天主教徒，所以在香港興建教堂，著者有堅道的聖母無原罪主教座堂。他們又出資興建學校，著者有聖約瑟書院及嘉諾撒聖心書院等。

經近半世紀的時間，葡萄牙人已逐漸融入本地社會。20 世紀初，他們開始在尖沙咀及太子道西一帶居住，從而為該區帶來了更多的教堂及學校，著者有玫瑰堂、聖德肋撒堂、聖瑪利書院、瑪利諾書院及喇沙書院。

俄羅斯人

1857 年，俄國已派遣使節人員前來香港，1860 年在中環莊士敦樓，即前終審法院所在地，設立領事館於，1877 年領事館搬遷到畢打山。因此，早期在港的俄國人，多為領事館職員及其家眷。1917 年俄國十月革命爆發後，蘇俄政府關閉在港的領使館，直至 1994 年才重開。

19 世紀中，俄國開始視香港為其在東南亞的戰略據點。因此，英國當局極力嚴防俄國勢力在港滋長，令俄僑數目及活動受到限制，兩地的經貿及文化交流並不密切。19 世紀末，不少俄國皇室、政要曾經訪港，包括海軍上將 Evfim Pytyatin 就是在香港向英國商討克里米亞戰爭後的商業條約；亞力克斯大公（爵）（Grand Duke Alexei Aleksandrovich, 1850–1908）先後兩次訪港，並入住港督府；尼古拉斯皇子，即後來的沙皇尼古拉斯二世

（Tzar Nicholas II, 1868–1918）也曾到訪香港。

1917 年俄國十月革命爆發前，在港俄人甚少，但在 1910 年代末，人數開始增加，是源於不少白俄人要逃避共產政權。1921 年在港俄人只有 36 人，10 年後增加至 127 人。1930 年 5 月，港府組織及訓練反海盜隊伍，成員當中便包括俄羅斯人，其後部分白俄成員加入新成立的水警。

在港俄人的東正教社群於 1930 年才形成。1933 年復活節，超過 100 名俄羅斯人參加在尖沙咀聖安德烈堂舉行的宗教崇拜。

印度人

香港開埠初期，英國政府多次從印度調派軍隊及人員到香港，以維持社會治安，當中以旁遮普省移民為多，因他們性格廉潔及民風強悍。他們最初聚居於上環及中環一帶，其後發展至尖沙咀一帶。他們的身份以商人、軍人及警察為主，當中有大量穆斯林。他們不少人已在香港生活逾半世紀，發展至第四至第五代。

掃桿埔育才書社為印童學校，1916 年 10 月 5 日建成開幕，建築費為 35,000 元。因 20 世紀初，印度僑民頗多，多為警察、軍人、商人，並有家屬，故需有學校教育其子弟。故該校稱掃桿埔印童學校，規定每天必須有 1 小時印度語課，餘用英語教學。該校十分注重運動，校舍有網球場。開幕禮由當時總督梅含理主持。日佔期間曾停辦，戰後重開，稱官立嘉道理爵士小學，其後多次重建，今仍存。

巴斯人

巴斯人的祖先原居古波斯地，為瑣羅亞斯德教教徒。8 至 10 世紀期間，部分堅信瑣羅亞斯德教的波斯人，不願改信伊斯蘭教而移居印度西海岸古吉拉特邦一帶。這些波斯移民在印度被稱為巴斯人（Parsi），他們多失去與波斯社會或家族的聯繫。在印度定居後數百年間，他們已經融入印度社會，但同時保持自己獨特的風俗及傳統。因此，他們在國籍、語言及歷史方面是印度人，但在血緣、文化、行為及宗教方面卻不是典型的印度人。

鴉片戰爭發生前，巴斯商人已經隨英國東印度公司來華，在廣州及澳門通商，依賴英籍散商的力量，跟東印度公司抗衡。1841 年英軍佔香港時，有 2,700 名印度兵及 4 名巴斯商人跟隨，這 4 名巴斯人其後定居香港。由於巴斯人擅長營商，1860 年全港 73 家商行，有 17 家為巴斯人商行。他們主要經營絲綢、香料、珠寶、棉紗、地產和船務等生意。1861 年，巴斯人創立香港總商會，1864 年新成立的香港滙豐銀行委員會的 13 位委員中，便有 3 位是巴斯人。

1850 年代後，巴斯人在華逐漸減少，因巴斯人在兩次鴉片戰爭蒙受之損失未能獲得補償。英國產品充斥中國市場。蒸汽輪船之發展，取代了巴斯人之帆船。巴克灣開發公司 Beck Bay Reclamation Company 之失敗，對在該公司投入鉅資的巴斯人造成影響。1862 年美國內戰，巴斯商人注意力離開香港，向英國運輸棉花更為有利。蘇伊士運河縮短東西航程，吸引大部分在華巴斯人投資轉向西方。

巴斯人多戴大耳環，重重垂下，耳孔越墜越大，他們天生有經商致富能力，積累了很多財富，包括從事放貸事業，所以他們被稱為「大耳窿」。久而久之，高利貸業者就被稱為「大耳窿」。香港巴斯人以麼地（Hormusjee Naorojee Mody, 1838–1911）及律敦治（Jehangir Ruttonje, 1880–1960）為最著名。麼地曾捐款成立香港大學、九龍木球會，投資發展麼地道及一帶，促成了 1890 至 1904 年干諾道的填海工程。尖沙咀的麼地道就是以他的名字命名。律敦治創立了香港第一間啤酒廠，後來轉售予生力啤酒廠。灣仔的律敦治醫院就是以他的名字命名。

尖沙咀天星碼頭及火車站，摘自香港日報社編《香港案內》，1928年再版。

猶太人

猶太人於鴉片戰爭後始來華通商，他們來自巴格達、孟買、新加坡等地，多為英籍商人及實業家。香港之猶太社群始創於19世紀中期，沙宣家族首先於香港及上海經商，隨之有哈同、嘉道理等，亦相繼前來發展。他們以其商業才能，利用與英國各屬地的傳統聯繫，及香港的優越地理位置，發展進出口貿易。

他們初期參與英商的鴉片貿易，積累鉅富後，繼投資房地產、金融業、公用事業及製造業。他們亦從事社團公益及慈善事業，如建造會堂、開辦學校，及對來華的猶太難民給予幫助。他們間有介入中國政治，資助中國文化事業，與中國及港府保持友善關係。

香港上海滙豐銀行與沙宣家族有密切關係，天星輪船公司、海底隧道、山頂纜車、及半島酒店皆為猶太人的發展事業。香

山頂纜車，摘自香港日報社編《香港案內》，1928年再版。

位於猶太教墳場的埃利 · 嘉道理爵士墓

港著名購物大道——彌敦道，亦以早期猶太籍總督馬太彌敦（Matthew Nathan, 1862–1939）命名。

1941 年香港淪陷，猶太商人喪失其在港所有財產，戰後，再利用香港作中西主要貿易通道，重來發展。

據統計，在 1871 年居港猶太人只有 46 人，1882 年增加至 60 人，1897 年再增加至 163 人。香港猶太人社區並沒有大幅發展，因為在 1910 至 1936 年間，大多數猶太商人被吸引到上海。但在 1930 年代，隨著日本侵略中國，使得許多猶太人離開上海、天津及哈爾濱，逃到香港。

※開埠以後香港的外來宗教

CHAPTER 07

天主教

英屬後香港的天主教傳播

1841 年 4 月，羅馬天主教會已在香港設立傳教區，隨後在今港島威靈頓街與砵甸乍街交界處，建一座天主堂。首任宗座監牧為若瑟蒙席神父。1847 年，香港傳教區升格為宗座代牧教區，米蘭外方傳教宗座會的高主教任首任宗座代牧，並在同年祝聖為主教。1888 年，聖母無原罪總堂落成祝聖，為主教座堂。1946 年，香港傳教區升格為聖統制主教區。兩年後，恩理覺神父（Mgr. Valtorta, 1883–1951）升任教區首任主教。教區歸意大利傳教會管理。現時香港的天主教徒約有 25 萬餘人，約佔香港人口百分之四。

主要的天主教堂區

聖母無原罪堂

該堂位於今港島威靈頓街與砵甸乍街交界處，1842 年 6 月 7 日奠基，1843 年 6 月 11 日聖三瞻禮日祝聖。1858 至 1859 年進行擴建。1859 年 10 月 18 日焚燬。1860 年 3 月 18 日重建並祝聖。1872 年 12 月 25 日再焚燬。

灣仔聖方濟小堂

該堂於 1845 年落成，1950 年被聖母聖衣堂接管。

聖若瑟堂

1871 年，香港政府將一幅屬於軍方的土地，撥歸教會興建聖堂，供英國籍教友之用。1872 年 11 月 30 日聖堂落成，名為聖若瑟堂。1874 年 9 月 22 日被颶風摧毀。1876 年重建。1878 年，於其前面附設一康樂室，名為聖博德俱樂部（St. Patrick's Club）。二次大戰期間，聖堂被炸彈擊中，戰後重建，於 1968 年 6 月 1 日由徐誠斌主教祝聖。20 世紀末再經重修，獲今貌。

聖安多尼堂（原西環聖心堂）

該堂於 1879 年 3 月 22 日祝聖。1892 年改名為聖安多尼堂，1949 年 1 月 25 日升為堂區。

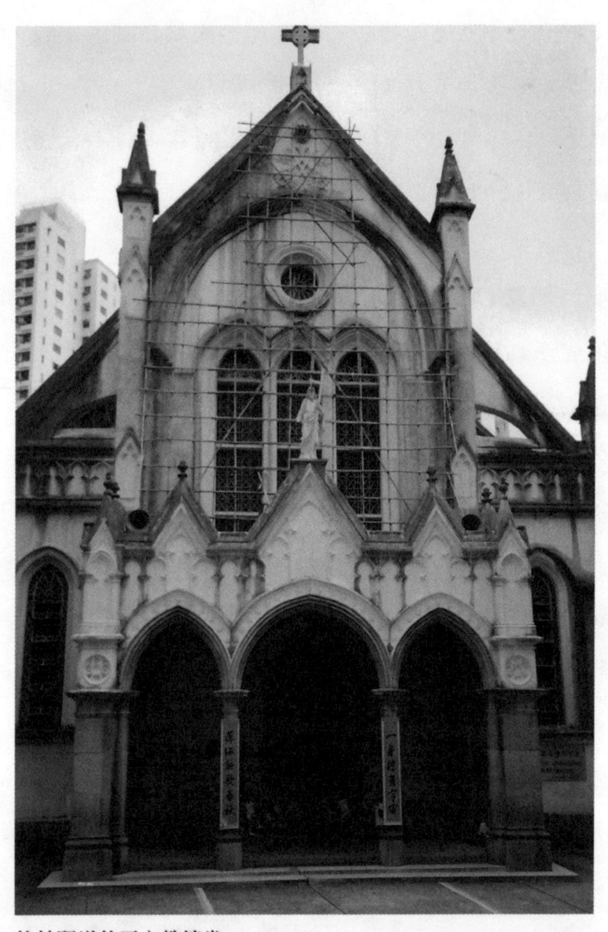

位於堅道的天主教總堂

露德聖母小堂

該堂於 1885 年 4 月 26 日開幕，1896 至 1938 年間重建，1949 年 1 月 25 日升為堂區，1977 年遷至華富邨，1982 年再遷至置富花園。

聖母無原罪主教座堂

因聖母無原罪堂於 1872 年焚燬，香港首任宗座代牧高主教遂倡議另建新堂。1883 年 12 月 15 日新堂奠基，1888 年建成啟用，定名為聖母無原罪總堂，後來改稱聖母無原罪主教座堂。該堂的祝聖大典，於 1938 年 12 月 8 日舉行，共有 3 位主教參加；香港宗座代牧恩理覺主教、澳門倫斯主教（Mgr. Da Costa Nunes）及巴黎外方傳教會納匝肋院長達斯華爾主教（Mgr. Deswaziere）。3 天後，舉行了隆重的公眾遊行，給香港市民留下了深刻印象。

尖沙咀玫瑰堂

1904 年 12 月 10 日，翟神父（Fr. De Maria）主持該堂奠基禮。1905 年 5 月 8 日，翟神父為新聖堂主持祝聖及開幕禮。1906 年聖誕節，聖堂加建工程完成。堂區禮堂於 1947 年 6 月落成正式啟用，1949 年 1 月 25 日升為堂區。

筲箕灣聖十字架堂

1914 年 9 月 14 日，該堂祝聖，1949 年 1 月 25 日升為堂區，1959 年重建，1961 年 1 月 1 日新堂落成及祝聖。

跑馬地聖瑪加利大堂

1920 年 12 月 21 日，師主教上書英國殖民地部秘書，請求將位於今聖瑪加利大堂一帶土地，撥給香港教會，並願以西環 755 號地段（原為聖安多尼堂和神父宿舍，後被政府收回，以建日後的英皇書院）作為交換。1922 年 1 月 14 日，這個要求獲政府批准，由 1921 年 12 月 31 日起生效。新聖堂由意大利籍建築師幹尼剌（Ugo Gonella）負責設計。要能成為特別敬禮聖心的聖堂，乃奉剛於 1920 年才被列入聖品的聖女瑪加利大為主保。1922 年 4 月 18 日，福利公司承辦該聖堂之建築工程，承建商為天主教徒廖俊。

聖堂於 1923 年 2 月 3 日，由師主教主禮奠基，聖方濟各堂主任神父及聖瑪加利大堂候任本堂神父翟神父（Fr. P. De Maria）奠下基石。惜翟神父不幸於 4 月 28 日逝世。同年，聖堂建成。祝聖禮於 1925 年 1 月 25 日由署理宗座代牧德神父（Fr. J. M. Spada）主持，恩理覺神父一度為聖瑪加利大堂主任司鐸，直至 1926 年 3 月被委任為香港宗座代牧為止。1949 年 1 月 25 日新堂落成及祝聖。

深水埗寶血教堂

1929 年該堂開幕，1937 年重建，1949 年 1 月 25 日升為堂區。

九龍塘聖德肋撒堂

1928 年 11 月 13 日購入聖堂土地，翌年動工，以聖女小德肋撒為聖堂主保。建築師 Dom Gresnigt 糅合了 A. H. Basto 及 M. Van Wylick 兩位建築師的心思，建成一座帶有圓頂及尖塔拜占庭式教堂。1932 年 4 月 23 日，恩主教主持聖堂奠基儀式，並於已完成的主要建築內舉行首台彌撒，及於 12 月 18 日主持聖堂祝聖典禮。同年聖誕節前夕，艾國安神父（Fr. U. Galbiati）主持子夜彌撒，其後聖堂再度封閉，以完成最後的裝修。1932 年 12 月 18 日祝聖，1933 年初，顏思回神父（Fr. A. Granelli）及林神父（Fr. Peter Lam）曾任助理司鐸。1949 年 1 月 25 日升為堂區。

赤柱加爾默羅隱修院小堂

1937 年 12 月 4 日該堂祝聖，1949 年 1 月 25 日升為堂區，1959 年由聖亞納堂管理。

荃灣聖心堂

1934 年 4 月 28 日該堂祝聖，1949 年 1 月 25 日升為堂區，1962 年重建。

香港仔聖伯多祿堂

1929 年該堂建成，1934 年 7 月 1 日祝聖，1949 年 1 月 25 日升為堂區，1962 年重建，同年 2 月 17 日祝聖。

九龍城聖方濟亞西西堂

1937 年 10 月 4 日該堂祝聖，日佔期間被摧毀。

基督教

英屬後香港的基督教傳播

基督教（天主教及基督新教）於李唐間首次來華，初稱波斯（日大）教，教堂稱波斯寺，後改稱景教，據《大秦景教碑》載，其教為「真常之道，妙而難明，功用昭彰，強稱景教」，唐人稱教祖為「景尊」，教會為「景門」，教徒為「景士」，後該教被禁。

元代間二次來華，稱也里可溫教，蒙古語也里可溫即「有福緣者」，亦作「奉福音教者」，後同樣被禁。明末清初間再次傳入，始於西班牙耶穌會士沙勿略於 1551 年從日本到上川島，後再被禁。清中葉（鴉片戰爭前後），天主教及基督新教各教會相繼傳入及在華發展，著者有耶穌會、奧斯丁會、多明我會、巴黎外方傳教會、遣使會、聖母聖心會、聖賢會等。

傳入中國的基督新教的九大宗會為倫敦會（合一堂）、美華會（公理堂）、巴陵會（信義會）、巴冕會（禮賢會）、浸信會、安立間會（聖公宗：英國國教會，安立甘宗一衛理會）、巴色會（崇真會）、美以美會、惠師禮會（循道會）。香港為基督新教在華的後勤供應中心：傳教士須在香港學習中文、華人的風俗習慣及接受必要的訓練。

基督教在香港傳播，迄今已有百多年。現時宗派有 50 多個，獨立教會多個，會堂逾千間，信徒達 26 萬人。較大的宗派有聖公會、中華基督教會、信義宗、衛理公會、浸信會、基督復臨安息日會、五旬宗及救世軍等。

主要的基督教會

聖公會

聖公會教區於 1849 年在香港成立，而聖約翰座堂則早於 1847 年創建，於 1849 年落成。該會首個牧區為聖士提反堂，於 1865 年建立。聖保羅堂於 1909 年建立，是聖保羅書院的教堂。港島大坑的聖瑪利亞堂，則於 1911 年始建成。

中華基督教會

該會的香港區會，前身為中華基督教會廣東協會第六區會，至 1954 年才改組成立。1960 年在九龍自建會所，名為馬禮遜紀念會所。

位於大坑的聖瑪利亞堂

聖公會會督（主教）府

信義宗

早期來港的信義宗傳教士，分別來自德國禮賢會及瑞士崇真會，同於 1847 年 3 月 19 日抵港。禮賢會的傳教對象為粵語居民，而崇真會則以客家人為主。1948 年 12 月 1 日，信義神學院遷入香港。1954 年，香港信義會成立，其後香港路德會及港澳信義會亦相繼成立。

浸信會

浸信會傳教士於 1842 年已在香港傳教。1918 年，長洲浸信會正式開辦。1938 年，香港已有香港浸信會。

基督復臨安息日會

該會首位布道士於 1888 年抵港。其後不少傳教士進入內地傳教，亦有部分人留港傳揚教義。

五旬宗

1909 年，田安娜女士來港傳教，最先在港島銅鑼灣區工作，稍後遷至筲箕灣，向艇戶人家傳道，並創立首間五旬節聖潔會。1957 年，五旬節聖潔會香港區會在港成立。

救世軍

1930 年，救世軍服務自華北伸展至香港。至 1947 年，在港島灣仔舊警署開始工作。1985 年 4 月 20 日，救世軍總部遷至九龍彌敦道。

傳入中國的基督新教九大宗會

傳入中國的宗會	傳入中國年份	傳入者	今日香港的教會
倫敦會	1807	馬禮遜牧師	合一堂
美華會	1830	裨治文牧師	公理堂
巴陵會	1830	郭士立牧師	信義會
巴冕會	1830	郭士立牧師	禮賢會
浸信會	1836	叔未士牧師	浸信會
安立間會	1838	史丹頓牧師	聖公會
巴色會	1847–1848	韓山明牧師	崇真會
美以美會	1847	柯林斯牧師	已遷離港
惠師禮會	1852	柯克斯牧師	循道會

在嶺南活動的主要的基督新教差會

在嶺南活動的差會	傳入嶺南年份	傳教範圍
倫敦會	1807	香港、廣州、佛山、博羅
美部會	1830（1866 暫停，1883 再入粵）	香港、廣州、佛山、開平、台山、中山
巴色會	1848	香港、沙頭角、布吉、農川、興寧、梅州

巴陵會（信義會）	1855	番禺、龍門、新安、東莞、花縣、清遠、南雄、惠陽
美國聖公會	1877（1840 抵澳門，1842 轉廈門）	江門、順德、增城、肇慶
美國浸信會	1836 抵澳門，稍後香港，繼分南北兩會	香港、廣州、金華、紹興
美國南浸信會		廣州、惠州、肇慶、河源、四會、雲浮、新會、開平、鶴山、恩平、廣寧
美國北浸信會		汕頭、澄海、潮州、揭西、興寧、梅州
美國北長老會	1842 抵澳門，稍後廣州	廣州、新會、連州、陽江、海南
英國衛理會 （大英教會）	1843 抵香港	廣州、南海、順德、佛山、新寧、新會、韶關、英德
大英長老會	1847 抵汕頭	汕頭、澄海、潮州、揭西、普寧
巴冕會（禮賢會）	1830	新安、東莞、廣州、增城、惠陽
美以美會 （屬英國衛斯理宗）	1844 分南北	福建（1847） 梧州（1877）
美播道會	1889	廣州

香港的基督教堂會

堂會	會屬	始創年份	創辦者	成立年份	堂會會址
合一堂	中華基督教會	1841	李雅各博士	1843	般含道 2 號
聖士提反堂	中華聖公會	1849	施美夫主教	1865	西環薄扶林道
救恩堂	崇真會	1858	黎力基牧師	1862	西營盤高街 97 號
筲箕灣崇真會	崇真會	1862	母會西營盤崇真會	1871	不詳
公理堂	中華基督教會	1883	喜嘉理牧師	1883	中環樓梯街 5 號
循道會	中華循道會	1852	梁安統牧師	1884	灣仔軒尼詩道
香港禮賢會	禮賢會	1847	葛理察牧師等	1898	般含道
香港浸信會	浸信會	1842	湯傑卿牧師等	1901	堅道 50 號
巴陵會堂	信義會	不詳	郭士立牧師	不詳	不詳
美以美會	監理會	不詳	不詳	不詳	不詳
諸聖堂	中華聖公會	1891	班為蘭會吏長	1901	旺角何文田

聖三一堂	中華聖公會	1890	包爾騰主教	1902	馬頭涌道
中國基督徒會	中國基督徒會	1903	伍漢持先生等	1905	旺角登打士街1號
五旬節會	五旬節會	1907	嘉牧師等	1907	衛城道11號
深水埗崇真會	崇真會	1886	母會西營盤崇真會	1908	深水埗黃竹街19號
九龍城崇真會	崇真會	1890	母會西營盤崇真會	1908	九龍城啟義道5號
聖保羅堂	中華聖公會	1909	史超越主教等	1911	鐵崗
聖馬利亞堂	中華聖公會	1911	倫義華主教	1911	銅鑼灣大坑道
海面傳道會	中國海面傳道會	1911	何麗臣先生等	1911	香港仔鴨脷洲
便以利會	便以利會	1914	李順牧師	1914	旺角砵蘭街90號
灣仔堂	中華基督教會	1863	母會道濟會堂	1917	灣仔道33號
聖光堂	中華基督教會	1880	母會道濟會堂	1919	銅鑼灣掃桿埔
深愛堂	中華基督教會	1892	母會道濟會堂	1922	深水埗長沙灣道175號

旅港潮人 中華基督教會	中華基 督教會	1909	林之純 牧師等	1923	大道中 35 號 4 樓
基督會	基督會	1926	趙學 醫生等	1926	深水埗福華街 35 號
九龍城中國 基督教會	中國基 督徒會	1926	潘墨香 先生等	1926	宋皇台帝街 37 號
望覺堂	中華基 督教會	1905	母會 公理會	1928	旺角西洋菜街
神召會	神召會	1928	黎愛華 女士	1928	彌敦道 698 號
九龍禮賢會	禮賢會	1927	葉道勝 牧師	1928	旺角通菜街 130 號
聖潔會	聖潔會	1930	吳仲連 先生等	1930	深水埗福榮街 95 號
香港仔浸信會	浸信會	1905	母會 香港 浸信會	1931	香港仔椰子園
九龍城浸信會	浸信會	1931	母會 香港 浸信會	1939	九龍城 士他令道
尖沙咀浸信會	浸信會	1901	母會 香港 浸信會	1939	尖沙咀山林道
油麻地浸信會	浸信會	1939	張文照 牧師	1939	油麻地 窩打老道
播道會	播道會	1887	寬夸倫 牧師等	1939	九龍城侯王道

蒲崗山浸信會	浸信會	1938	陳聯芳先生等	1938	不詳
長老會堂	中華基督教會	1910	梁椒藩牧師等	1939	不詳
聖約翰堂	聖公會	1841	Rev. Vinsent Stanton	1841	花園道
愉寧堂	聯合教會	1843	Rev. Legge	1865	堅尼地道
英人循道會	循道會	1841	李士先生	1890	皇后大道東
聖安得烈堂	聖公會	1899	贊臣牧師	1906	尖沙咀彌敦道
長洲浸信會	浸信會	1860	莾為仁牧師	1918	不詳
龍躍頭崇真會	崇真會	1898	母會西營盤崇真會	1898	不詳
新界聖公會	中華聖公會	1898	霍約瑟主教	1898	不詳
新界傳道會堂	中華基督教會	1900	母會道濟會堂	1932	不詳
五旬節聖潔會	不詳	不詳	不詳	不詳	西灣河差館背
西人基督堂	不詳	不詳	不詳	不詳	九龍塘窩打老道

五旬節支會	不詳	不詳	不詳	不詳	何文田 窩打老道
西人聯合教會	不詳	不詳	不詳	不詳	油麻地佐敦道
播道會	不詳	不詳	不詳	不詳	太子道

瑣羅亞德斯教

巴斯人在中國的貿易活動

巴斯亦作帕西（Parsee），源自波斯，為 8 至 10 世紀堅持信奉瑣羅亞德斯教（Zoroastrianism，又稱拜火教）的波斯人，因伊斯蘭教入侵，他們不願改信伊斯蘭教，為保香火，遂移居印度西海岸本吉拉突邦，時人稱他們為巴斯人（Parsee），又稱為「摩羅」，又因為巴斯人頭裹白布，故又被稱為「白頭摩羅」，其教稱白頭教。他們主要從事工商業。部分人通過西域入中國，南北朝時代（420–589）得北方諸國國王支持，唐朝（618–907）時稱祆教，有祠，宋朝（960–1279）後基本消失。巴斯人擅長造船，在印度修造的港腳船，皆有其自己的「大班」。清代不少巴斯船來遠東做生意，活躍於廣州口岸。

瑣羅亞德斯教在香港的傳播

香港的巴斯人信奉瑣羅亞德斯教，又稱拜火教，因祭師以白布包頭，又稱白頭教。外人不能隨便入教，只有教徒所生子女才能入教，他們每月有兩次聚會、一次祈禱會。香港、澳門及廣州皆有巴斯墓地。香港的巴斯墳場位於跑馬地黃泥涌道近養和醫院，於 1852 年落成，門外註明「此園內係巴士（斯）國人所建安葬本國之人」。麼地及律敦治皆葬於跑馬地巴斯墳場。日佔期間，在香港的巴斯人與英人關押在一起，1997 年前大多巴斯人都移民外國。現時巴斯人在港的人數不足 200 人。

香港的拜火教堂於 1850 年成立，稱月神廟，或白頭教廟，會址原位於港島依利近街，後遷銅鑼灣禮頓道，1993 年改建善樂施大廈。其外形如一座商業大廈，外牆有一個一米乘兩米的教徽，3 至 6 樓及 12 樓為會址，5 樓為小禮堂，供信徒聚會、祈禱，堂內設創教者瑣羅亞德斯的玻璃畫像。

巴斯墳場內的
麼地墓

巴斯墳場入口牆上1852年的碑記

猶太教

猶太教在香港

香港的猶太教可追溯至19世紀中，1850年代猶太人多居於跑馬地。本港的猶太教會堂主要有3所，分別為莉亞堂、香港聯合猶太會和Chabad Lubavitch。莉亞堂（傳統派）每天舉行聚會，香港聯合猶太會（改革派）則只於安息日及節期聚會，Chabad Lubavitch則於中環富麗華酒店作每天聚會。香港的猶太教信徒十分重視這些聚會，視參與聚會為重要的宗教、文化及社交生活。猶太教會亦有開辦學校（Carmel School）、主日學，及創辦多個猶太慈善組織及文化團體，包括猶太婦女協會，以色列商會及猶太歷史學會。

香港的猶太教堂

猶太教莉亞堂

莉亞堂位於羅便臣道，1901 年興建，1902 年落成，為香港銀行家沙宣爵士為紀念其母親莉亞女士所建造，故名為莉亞堂。教堂設有神聖洗池，土地由沙宣爵士及其家族捐出。該教堂曾於 1998 年重修。

莉亞堂樓高兩層，主要由外牆 10 根石柱支撐，外牆批盪原為白色，現改作黃色，左右對稱建有八角形塔樓。堂中央為祭壇，堂盡頭為藏經庫，內置手抄《摩西五經》銀筒。祭台兩旁木椅為年長男信徒而設，前廳左右塔樓內有木梯，可通上閣樓，閣樓供婦女及小孩在舉行宗教活動時使用。

猶太教社區中心

莉亞堂毗鄰建有住宅樓宇，內設猶太教社區中心。該中心服務本港各猶太教派會友，提供猶太餐、宴會、文化和康樂設施，並舉辦各類活動及學習班。中心內設有圖書館，收藏有猶太教文獻及文物。

猶太教墳場

猶太教墳場，位於跑馬地山光道寶覺小學與東蓮覺苑旁，建於 1855 年。墳場內墳墓不多，排列整齊，各墓簡單樸實。沙宣、庇理羅士及嘉道理家族的埃利（Elly Kadoorie）、艾利（Ellis Kadoorie）、羅蘭士、賀理士等，皆葬於這個墳場。

位於羅便臣道的猶太教堂

猶太教墳場內的小教堂

錫克教

錫克教信仰

錫克教（Sikhism）為印度旁遮普地區民族的宗教。錫克一詞，為巴利語（Sikha）或梵語（Sisya）的譯音，意為門徒或弟子。錫克教徒，主要分佈在印度西北部旁遮普邦、哈里亞納邦、新德里、加爾各答及坎普爾等地。馬來西亞、新加坡、文萊、美國、英國及加拿大及香港也有錫克教徒。其教徒通常戴頭巾，頭髮不加修剪。

錫克教在香港

錫克教主張一神論，相信一神、十祖師，其聖典《格蘭斯沙希伯古魯》（*Guru Granth Sahib*），供奉在錫克教廟大殿前方，信徒須以旁遮普土語祈禱，該教著重洗禮儀式，男信徒受洗後的名

位於灣仔的錫克教廟

字需加上星 Singh 號，意即「獅子」；女信徒則加上 Kaur 號，意即「公主」。

19 世紀時，攜同家眷隨英軍從印度北部旁遮普邦來香港，多服役於警隊，及作政府公務員。印度獨立後，錫克教徒擔任香港警隊人數大減，但擔任懲教署工作人數卻增加。如今，錫克教徒已分佈各個不同行業。

現時香港約有 5,000 多名錫克教徒，錫克廟位於港島灣仔皇后大道東 371 號，為其宗教及社會文化活動中心。該廟建於 1901 年，樓高兩層，頂部呈拱形。1935 年於旁邊加建另一建築物。該教以家庭信仰及為人類服務為信仰中心，廟內可容 200 人食宿，任何信仰的旅客均可免費用餐及作短暫居留。平日早晚及星期日上午均有崇拜聚會，星期日上午，崇拜聚會節目包括唱詩、讀經及祭司講道等。廟內設有圖書館，收藏不少錫克教書籍。此外，該廟辦有一所幼兒學校，為歲 4 至 6 歲的印度兒童提供學前教育，以備升讀本港的英文小學。

※開埠以後的香港史名家

CHAPTER 08

羅香林

羅香林教授（1906–1978），字元一，號乙堂，廣東省梅州興寧縣寧新鎮水樓村下石陂窩人。父親羅幼山（1866–1931），字曜生，號師揚，晚號希山老人。1924年畢業於興民中學。1926年，入讀北京清華大學史學系，兼讀社會人類學，至1930年獲文學士學位。畢業後，升讀清華大學研究院，後來兼肄業於燕京大學國學研究院。1931年，入燕京大學歷史研究所，其後榮獲哈佛燕京學社獎學金，隨梁啟超、王國維、朱希祖、馮友蘭、陳寅恪、顧頡剛等人學習及研究。

1932年，奉燕京大學國學研究所之託，考察粵東人種。研究院畢業後，同時兼任中山大學校長室秘書與廣東通志館纂修。1934年春，擔任中山大學歷史系副教授，講授方志研究。3月，與朱希祖教授（1879–1944）女兒朱倓（1905–1980）在南京結婚，同年秋，擔任南京中央大學史學系講師、中央古物保管委員會委員。9月，兼任暨南大學文學院教授。1936年，任廣州市立中山圖書館館長、中山大學教授。

1938年秋，日軍南下進攻，廣州進入緊急狀態，抗戰期間負起廣州中山圖書館館長職務，費盡心力，將廣州中山圖書館館藏善本及重要圖籍，舶運至廣西桂平、柳州石龍等地，使其免罹戰火。1939年春，中山大學遷雲南澂江，3月就任史學系教授。1940年8月，又隨大學遷回粵北。1941年，於重慶中央政府任職，兼任中央政治學校教授，並發起成立中國史學會。1945年，出任廣東省政府委員、廣東省立文理學院院長。1947年9月，辭去所有政府職務，任私立廣東國民大學特約教授，至1949年止。

1949年後，遷居香港，先後任教廣大書院、新亞書院及香港大學中文系。1951年，闔家於粉嶺崇謙堂領洗。1952年9月，擔任香港大學中文系專任講師。1955年起10年間，擔任崇謙堂長老。1957年，更兼任崇謙堂幼稚園校監與註冊校董。1964年，擔任香港大學中文系系主任，兼掌東方文化研究院，翌年升任中文系講座教授。直至1968年榮休，獲香港大學終身名譽教授銜。

1969年，退休後獲珠海書院聘任為文學院院長、中國文史研究所所長及出版委員會主席。1968至1973年，任崇謙堂董事會副主席。1971至1972年，兩度獲瑞典諾貝爾文學獎金委員會邀請，擔任諾貝爾文學獎候選人的推薦人。1977 至 1978 年任基督教香港崇真會會長。1978 年，於香港逝世，享年 72 歲，下葬崇謙堂教會墳場。

羅教授育有 5 名子女：長子羅文，美國佛羅里達大學歷史系退休教授；二子羅武，美國醫學科學院院士，擅長內科；三子羅成，幼年夭折；四子羅康，在香港擔任中學校長多年；女兒羅渝，獲神學博士，曾在香港從事教會工作；另有侄羅桂詩，1942 年出生，暨南大學退休教授。

羅香林的香港前代史研究

20 世紀初期，香港歷史研究有清朝遺老的酬唱詩文（著者有蘇澤東《宋台秋唱》和《宋台圖詠》，及陳伯陶《瓜廬詩賸》和《瓜廬文賸》，部分序文存有香港史蹟資料），和早期英人著述有關香港割讓經過，及英屬初期香港社會情況（其著者有威廉・塔蘭〔William Tarrant, ?–1872〕《香港：由割讓至 1844 年》〔*Hong Kong: A History of Hong Kong from the Time of its Cession to the British Empire to the Year 1844*〕，及艾陶爾〔E. J. Eitel, 1838–1908〕《香港史：由初期至 1882 年》〔*Europe in China: The History of Hongkong from the Beginning to the Year 1882*〕）；其後繼有考古學者對新石器時代的考古發現（代表有韓義理醫生〔Dr. C. Heanley, 1877–1970〕、蕭思雅教授〔Prof. J. Shellshear, 1885–1958〕、芬戴禮神父〔Fr. Daniel J. Finn, 1886–1936〕、陳公哲〔1890–1961〕

及戈斐侶〔Walter Schofield, 1888–1968〕），及中外人士對香港開埠後的歷史著述（如許地山《香港與九龍租借地史地的探略》及《香港小史》，活特〔W. A. Wood〕《香港簡史》〔*A Brief History of Hong Kong*〕，施爾〔G. R. Sayer, 1887–1962〕《香港早期及少年時代》〔*Hong Kong: Birth, Adolescence and Coming of Age*〕，狄龍〔Dr. Frank J.〕《香港新界略》〔*Notes on the New Territories of Hong Kong*〕，及韓頓〔W. J. Hinton〕《香港的歷史資料與統計簡述》〔*Historical and Statistical Abstract of the Colony of Hong Kong, 1841–1930*〕及《香港在大不列顛的地位》〔*Hong Kong's Place in the British Empire*〕；惟對開埠前的香港歷史研究，則為空白一片。於 1842 年以前，港人對香港的形象，只是一小漁村。

二次大戰後，羅教授遷居香港，任教香港大學中文系，對香港古代歷史加以發揚，藉以中國歷代地方志乘、民間譜牒、及碑銘文物所載的香港歷史資料，研究英屬以前的香港歷史，並命名為「香港前代史」，蓋以英人治港期間為「近代」及「現代」，而英人治港之前則為「前代」。

此外，羅教授對國父孫中山在香港的歷史遺蹟，常往遊訪，並加以研究，先後著有〈國父在港史蹟訪問記〉一文（載於《大地勝遊記》，香港亞洲出版社，1959 年出版），隨後出版著作《國父在香港之歷史遺蹟》（論文載於《國父百年誕辰紀念論文集》，台北國史館，1965 年 11 月。1972 年增補成書，香港珠海書院出版委員會出版，列入珠海書院叢書），詳細介紹國母楊太夫人墓地，和國父受洗的公理會、肄業的皇仁書院、畢業的西醫書院，與牧師會晤的道濟會堂、商討革命事宜的楊耀記、及興中會總部的乾亨行、中國日報遺址、策劃革命運動的青山農場等現存遺蹟。

前文提及國父革命在港的歷史遺蹟，羅教授便率先研究，近人乘其後，再作研究整理，並將各現存遺蹟，串聯成文物徑，名為「中山史蹟徑」（該史蹟徑為 1996 年中西區區議會所推廣，位於港島中區半山，共 13 個史蹟點。由香港中文大學歷史系教授撰寫小冊及單張，介紹各史蹟點的歷史），供人遊訪憑弔。

羅教授的香港前代史研究著述甚豐，且多新發現，以下擇其要者再作介紹：

	研究方向	補充說明
1	屯門位置及其歷代交通的發展	第一至五項收入羅教授專著《一八四二年以前之香港及其對外交通》
2	香港古代特產及其歷朝的隸屬	
3	宋末二帝的海上行朝與香港的關係	
4	香港新界鄧氏源流及其在新界地區的發展	
5	香港地區英屬以前的史蹟分佈情況	

6	香港李鄭屋村及該地發現的漢墓研究	〈李鄭屋村與香港地區自漢至清初之沿革〉一文載於《慶祝李濟先生七十歲論文集》，及〈香港李鄭屋村漢墓之發現與出土古物〉一文載於《台灣大學考古人類學刊》第三十七、三十八期合刊
7	香港新界發現南明永曆四年所造大炮之研究	
8	香港早期打石業及籐織業研究	〈香港早期之打石史蹟及其與香港建設之關係〉，載於《食貨月刊》第一卷第九期，及〈香港藤器源流考〉，載於《食貨月刊》第一卷第十一期
9	理雅各、歐德理、王韜、容閎等對中國文化的影響	第九至十二項收入其專著《香港與中西文化之交流》
10	何啟與其西醫書院對香港醫術與科學的貢獻	
11	中國文學在香港的演進與影響	
12	香港大學中文系早期發展	
13	國父在香港求學期間的歷史及所存之歷史遺蹟	詳《國父家世源流考》、《國父之大學時代》及《國父在香港之歷史遺蹟》三書
14	從族譜中研究新界地區各家族的歷史	詳《中國族譜研究》及《客家史料匯篇》二書

羅香林的香港歷史著述

	書名	出版資料
1	《國父家世源流考》	（1972 年與《國父之大學時代》合而為《國父之家世與學養》，由台灣商務印書館出版），商務印書館，1942 年。
2	《國父之大學時代》	重慶：獨立出版社，1945 年。
3	《香港崇正總會三十周年紀念特刊》	香港：香港崇正總會，1950 年。
4	《國父與歐美之友好》	台北：中央文物供應社，1951 年。
5	《大地勝遊記》	香港：亞洲出版社，1959 年。
6	《一八四二年以前之香港及其對外交通：香港前代史》	香港：中國學社，1959 年。
7	《香港與中西文化之交流》	香港：中國學社，1961 年。
8	《客家史料匯篇》	香港：中國學社，1965 年。
9	《國父的高明光大》	台北：文星書店，1965 年。
10	《傅秉常與近代中國》	香港：中國學社，1973 年。
11	《國父在香港之歷史遺蹟》	香港：珠海書院，1971 年。
12	《中國族譜研究》	香港：中國學社，1971 年。
13	《國父之家世與學養》	台北：台灣商務印書館，1972 年。
14	《客家源流考》	（此亦收入與羅翽雲合著《客家話》，台北：台灣文藝出版社，1984 年），世界客屬第二次懇親大會籌備委員會，1973 年。
15	《梁誠的出使美國》	香港：香港大學亞洲研究中心，1977 年。

羅香林的客家研究

羅香林教授獲顧頡剛等人鼓勵，從民族史角度開始考察客家源流，並以興寧、梅州為中心，透過收集族譜、家族遷移歷史、交通歷史路線、語言、實地探訪等展開研究，又在報章刊登廣告請鄉賢提供資料。在其《客家研究導論》與《客家源流考》兩部著作中，提出民系概念，透過討論客家民系與漢民族之間的關係，探討客家人的血統問題，亦運用族譜來考證「客家民系」實屬漢民族的一支，其客家研究之心願，為土客不再對立。

在《客家研究導論》、《客家源流考》與《客家史料匯篇》等著作中，羅教授提出許多新的名詞與觀點，涉及範圍之廣，不僅開啟國內外客家研究的風氣，甚至引發「客家學」論戰，帶動族譜學的相關研究；並導引出方志研究、語言學等相關課題。使客家研究成為一門顯學。對台灣的客家研究，在建立客家意識，重視客語研究，以及建構「台灣客家學」等方面，亦具有重要的影響。

惟羅教授對客家的研究，有著過於重視客家情感、過份強調客家民系的特殊性，以及過度仰賴族譜的記載等研究態度與方法。至於其對客家的源流及其與漢民族的關係、客家的遷徙與發展，以及客家民系的貢獻等論點，仍有待商榷。

羅香林的客家研究著作

	書名	出版資料
1	《客家研究導論》	興寧：希山書藏，1933年。
2	《香港崇正總會三十周年紀念特刊》	香港：香港崇正總會，1950年。
3	《客家史料匯篇》	香港：中國學社，1965年。
4	《中國族譜研究》	香港：中國學社，1971年。
5	《客家源流考》	世界客屬第二次懇親大會籌備委員會，1973年。

結語

羅香林教授主張社會民生也應是歷史研究範疇，例如研究新界歷史，不止談新界都市發展，亦包括墟市買賣情況。羅教授研究歷史，除根據官方檔案（如宮廷資料、帝王紀錄）外，還強調使用當地民間資料，如族譜、家書、生意往來帳簿、日記和石刻等。

二次大戰後，羅教授自遷居香港，任教香港大學中文系，以中國歷代地方志乘、民間譜牒、及碑銘文物中載新界地區各家族的歷史，加以研究及發揚。從而促進吾人認識英人開埠前的香港，已相當發達。

羅教授甚為重視田野考察，會為古蹟紀錄編成特定路線，帶學生考察古蹟文物，以研究本地歷史。他認為研究是一個生命，由內到外，由近至遠，一一分析。香港的名稱由來，乃至石排灣、張保仔、魔鬼山等，這些地方故事和歷史都由他一一補白。時人多對香港開埠後的歷史作研究介紹，而羅教授的香港前代史研究，著重開埠之前，香港地方的社會、文化與文物研究，開後人之先河，其功甚偉。

羅香林教授名著《一八四二年以前之香港及其對外交通：香港前代史》書影

傅吾康

傅吾康（Wolfgang Franke, 1912–2007），當代德國著名漢學家，及戰後漢堡學派的重要人物，漢學家福蘭閣（Otto Franke, 1863–1946）之子，從小受父親薰陶，對中國及中國文化有特殊感情。生於德國漢堡。1930 年起，先後就讀漢堡大學及柏林大學，學習漢學及日本學、歷史學，師從顏復禮（Fritz Jäger, 1886–1957）、佛爾克（Alfred Forke, 1867–1944）等知名漢學家。1935 年，以〈康有為和他的學派的變法維新運動〉（Die Staatspolitischen Reformversuche K'ang Yu-weis und seiner Schule）一文，獲漢堡大學博士學位。

1937 年來華遊學，先到上海、南京等地，不久再到北京。抗戰期間，歷任北平中德學會（Pekinger Deutschland Institut）秘書、總幹事、會長、研究員、及《中德學誌》編輯主任等職。抗日戰爭結束後，於 1945 至 1946 年間，任北平輔仁大學講師，期間與胡雋吟（畢業於天津南開大學）於 1945 年結婚。

1946 年，在成都經蕭公權推薦，擔任四川大學歷史系教授。1948 年，應時任北京大學西語系主任朱光潛之聘，任北京大學西語系德文教授。期間還先後擔任《中德學誌》、《漢學集刊》及《中國文化研究會刊》的編輯工作。

1950 年，攜妻帶子（已有一女一子）回德國，受聘漢堡大學，接替顏復禮，出任漢堡大學中國語言文化研究所教授兼所長。1950 至 1970 年代，還先後擔任美國哈佛大學客座研究員，吉隆坡馬來西亞大學、新加坡南洋大學、檀香山夏威夷大學、北京師範大學、中山大學等校客座教授，及德國東亞協會主席等職。德中建交期間，任外交部訪華團顧問。倡導創辦著名德國東亞學術雜誌《遠東學報》（*Oriens Extremus*）及漢堡亞洲研究所。直至 1977 年退休。

退休後，擔任馬來亞大學中文系、北京師範大學歷史系、及廣州中山大學東南亞歷史研究所客座教授。期間產生對東南亞華人史蹟研究興趣，遂集中精力研究南洋華人歷史，在星馬各地搜集了大量金石碑刻。1982 年與陳鐵凡（Chen Tieh Fan）合著並出版《馬來西亞華文銘刻彙編》（*Chinese Epigraphic Materials in Malaysia*）；1988 年與蘇爾夢（Claudine Salmon）及蕭國健（Anthony Siu）合著並出版《印度尼西亞華文銘刻彙編》（*Chinese Epigraphic Materials in Indonesia*）。1989 年在新加坡出版《傅吾康學術論文選集》，本書彙編了其關於明史、清史、東南亞華人史、海外中文教育以及日耳曼學的研究論文，大體反映了其一生的治學歷程；1998 年與劉麗芳合著並出版《泰國華文銘刻彙編》（*Chinese Epigraphic Materials in Thailand*）。

1977 至 1979 年，於香港大學擔任訪問教授，其後每年皆來香港渡假。我們在 1978 年認識，因志同道合，故常會面論學，且常結伴外遊，除香港境內，亦有至華南地區，考察虎門各清代炮台、尋訪潮州河婆三山國王廟。1988 至 1998 年，我有幸被邀請，參與合著並出版《印度尼西亞華文碑銘彙編》（*Chinese Epigraphic Materials in Indonesia*）。今天我擁有田野及鄉村考察的知識，實在多得教授的指導。教授雖為外籍人士，惟對香港及中國華南文化風俗甚感興趣，且有深厚認識。

教授伉儷曾擬在香港覓一處清幽居所，以之頤養天年，因為香港有濃厚的中國氣氛，又為中西文化交匯之地。傅太太尤喜大嶼山長沙村的環境，以其地無市區之煩囂，而有夏威夷的海灘，海濤拍岸，旋律悠揚，風景如畫。惜因該地交通不便，房地價高昂而作罷。

2000 年 6 月，回德國定居。馬來亞大學中文系畢業生協會為其出版《慶賀傅吾康教授八秩晉六榮慶學術論文集》，以表揚其搜集及編纂東南亞銘刻資料的工作。2007 年 9 月 6 日，在德國柏林女兒家中逝世，享年 95 歲。

教授從事漢學教學 20 餘年，曾指導 20 餘人獲漢學博士學位。他推崇中國傳統文化，主張把它列入普通學校的教學內容中，以普及大眾對中國文化的了解。他還認為，漢學是一門重要學科，德國所有大學皆應設立漢學研究及教學機構。2013 年，其遺作《為中國著迷：一位漢學家的自傳》（*I'm Benne Chinas*）在北京出版，該書為歐陽甦譯，李學濤、蘇偉妮校；[德] 傅復生（Renata Franke，作者女兒）審訂。從中可見其畢業生對中國文化的興趣與熱愛。

施其樂

施其樂牧師（Rev. Carl Thurman Smith, 1918–2008）為香港及澳門史學家，生於美國俄亥俄州戴頓市，畢業於美國印地安那州德葩大學，其後進入紐約協和神學院，攻讀神道學碩士，至1943 年畢業後獲 Evangelical and Reformed Church（今為 United Church of Christ）按立牧職，並先後在紐約及費城牧會任事。1960 年在耶魯大學學習廣東話，數月後決定投身海外宣教工作，加入 United Board for World Ministries，翌年奉派前往香港宣教。

1962 年，施牧師在中華基督教會位於屯門何福堂會所的香港神學院任教神學。同年香港神學院併入崇基神學院，至 1968 年，崇基神學院加入崇基學院，成為哲宗系的神學組後，施牧師遂成為當中唯一的全職講師，至 1970 年休假回國，其後回港。1972 至 1976 年間，擔任神學組兼職講師，1976 年起為榮譽講師。1995 至 1999 年間，任神學組副研究員。期間於 1996 至 1997 學年任教香港基督教史。2005 年，獲澳門大學榮譽博士。2008 年 4 月 7 日，於澳門鏡湖醫院辭世。

施牧師任教基督教在華歷史時，發現資料並無華人教徒的生活、工作情況與處境的記錄。於是由各種資料入手，從而整理出有關早期教會與華人關係的資料，自此開啟香港基督教本地史的研究工作。往後 20 多年來，他研究和整理了大量香港歷史檔案館館藏檔案及文獻、報章及論著，翻閱官方報告、憲報通告、田土廳記錄、地圖、立法局會議記錄、及多位港督與倫敦的通信，加上中、英文報章、教會檔案、私人通信、遺囑及訃聞、實地考察，把香港不同的發展面貌：包括地區歷史重構、毫不起眼的人物、華人組織、群體「涉外婚婦」（protected women）、華人基督徒及其與教會的關係、少數族裔等記錄下來。一共抄下 139,922 張以人物為中心的雙面資料卡，名為「施其樂牧師資料集」，存於香港歷史檔案館、網際網路檔案館。此集幫助研究者找到自 19 世紀中期以來，與香港、澳門和中國沿岸城市有關的人物、機關組織、建築物、道路、田土事宜及重要事件的基本資料和來源，把過往官方記錄式的本地史研究方法，帶進新的領域。

施牧師整理的施其樂牧師藏品集線上目錄，存放香港政府檔案處。其受廣傳著述有：

- Smith, Carl T. (2005) *Chinese Christians: Elites, Middlemen, and the Church in Hong Kong.*（《華人基督徒：精英、中間人與香港教會》）Hong Kong: Hong Kong University Press.
- Smith, Carl T. (1995) *A Sense of History: Studies in the Social and Urban History of Hong Kong.*（《歷史的意識：香港社會與都市歷史的研究》）Hong Kong: Hong Kong Educational Publishing Co.
- 施其樂：〈一份受過洗禮的華人基督徒名冊（1813–1842年）〉，載於《歷史的覺醒：香港社會史論》，香港：香港教育圖書公司，1999年。

此外，其所發表之文章，亦散見於一些學報，包括《景風》、《皇家亞洲學會（香港分會）會刊》等。

華德斯

華德斯（Deric Daniel Waters, ISO, BBS, 1920–2016），香港教育家、建築學家及建築保育專家。生於英格蘭諾域治。第二次世界大戰時加入英國陸軍。1939 年，被派駐英國皇家工兵部隊第 249 野戰連，並隨第八集團軍前往北非戰場，戰後被送往意大利。其部隊於雪崩行動間在意大利薩雷諾登陸，期間被地雷所傷。此後參與鵝卵石行動。因其軍旅服務優異，獲得戰報傳令嘉獎。1946 年退伍，並返回英國。戰後，隨即加入其曾祖父於 1853 年創立的建築公司，擔任執行董事，主力修復舊建築。其後曾入讀諾域治城市學院建築科學課程，遂於學院授課。

1954 年秋天，擔任英國殖民地部教育主任（工業）。其後被委派到香港工業專門學院（今香港理工大學），擔任建築學系高級講師。1960 年，與陳麗冰（Vera Chan Lai-hing，亦稱華慧娜

Vera Waters）於聖安多尼堂結婚。1963 年升為系主任。1969 至 1972 年間，任摩理臣山工業學院（今香港專業教育學院摩理臣山分校）首任校長。

1972 年，轉至香港教育司署工作，協助政府籌辦更多工業學院。1974 至 1980 年間，任助理教育司（工業），並獲香港官守太平紳士銜。因材施教為其教育理念，認為傳統學術教育不適用於大眾，反而應推職業先修教育，並建議香港訓練局加強訓練香港工業教師，以提升職業訓練水平。

1980 年退休，同年 12 月 31 日，因其傑出服務，獲英女皇授予帝國服務勳章（Imperial Service Order, ISO）。回英國後，入讀羅浮堡大學教育學系，先後於 1980 年、1985 年獲哲學碩士和哲學博士，期間亦成為香港董事學會資深會員、特許建造學會資深會員、皇家公共衞生協會資深會員及特許管理學會仲會員。1990 至 1998 年間獲政府委任為古物諮詢委員會委員。1996 至 2001 年間擔任皇家亞洲學會香港分會會長，其後成為名譽資深會員。1998 年，獲時任香港特別行政區行政長官董建華頒發銅紫荊星章，以表揚其對香港古蹟保育的貢獻及在古物諮詢委員會的傑出服務。2016 年病逝。

華德斯是一名學者，曾出版多本關於香港學、工業教育、建築學及保育書籍及學術論文，亦於《香港皇家亞洲學會報》投稿學術文章。著名作品有：

- *Understanding Technical English* (Hong Kong: Longman, 1974)，與 Ken Methold 合著；
- *21st Century Management: Keeping Ahead of the Japanese and Chinese* (New York: Prentice Hall, 1991)；
- *The Economics and Financing of Hong Kong Education* (Hong Kong: The Chinese University Press, 1992)；
- *Faces of Hong Kong: An Old Hand's Reflections* (Singapore: Prentice Hall, 1995)；
- *One Couple Two Cultures: 81 Western-Chinese Couples Talk About Love and Marriage* (Hong Kong: MCCM Creations Hong Kong, 2005)。

林天蔚

林天蔚（1925–2005），廣東高州人。1941 年畢業於高州中學，1947 年畢業於廣東省立文理學院史地系（今華南師範大學）。早期任教廣東省立廣雅中學及香港培正中學。1960 年出版《宋代香藥貿易史稿》（美國燕京學社獎助出版），其後進入香港中文大學崇基學院任教。1966 年，獲美國哈佛大學燕京學社邀請，擔任訪問學者。1968 年受聘於香港大學中文系，任期 20 年間，曾擔任法國巴黎第七大學訪問研究員，及台灣當局行政管理機構國家科學會研究教授。1988 年自香港大學退休，繼受聘為台灣政治大學歷史研究所教授，期間曾應美國猶他州楊伯翰大學邀請，擔任客座教授，至 1995 年再度退休，仍在台北東吳大學講學半年，繼而移民溫哥華。定居後受邀於不列顛哥倫比亞大學亞洲研究中心，出任該中心中國研究所研究員，兼任香港大學亞洲研究中心研究員。移民後多次回港旅遊。2005 年 11 月 25 日於溫哥華仙逝。

林先生為著名民族史、中外關係史、史學史、地方史專家，深入研究唐宋與明清史，另於隋唐史、敦煌學、宋史、香港史、方志學等領域卓有成就。其著作豐碩，代表作為《隋唐史新論》，其他較重要者有：《宋代香藥貿易史稿》、《香港前代史論集》、《方誌學與地方史研究》、《地方文獻研究與分論》，另有論文逾百篇。

許舒

許舒博士（Dr. James William Hayes, ISO, JP, 1930–2023），香港政府退休公務員，以研究香港歷史聞名，且收藏不少舊文獻，對新界及新安縣的歷史甚有認識。1949 至 1956 年就讀倫敦大學，畢業後來香港，入職政府二級官學生（今稱政務主任）。

1957 年任職南約理民府，當時大嶼山石壁將修建水塘，附近多條村莊居民需遷徙安置，其時適主其事，獲居民好感。1967 年兼任香港歷史博物館本地史顧問。1970 年升任理民官，並考獲倫敦大學博士學位。1971 年兼任香港大學亞洲研究中心研究員。1983 至 1990 年曾擔任皇家亞洲學會香港分會會長。

荃灣往衛星城市發展間，許博士時任荃灣理民官兼市鎮專員，負責處理鄉民糾紛，包括搬村、風水及水上人上岸居住問題等事務，亦獲鄉民讚許。荃灣不少鄉村門樓上，皆有其題字，以

許舒

為紀念。

許博士曾擔任香港義勇軍團上尉長達 10 年，於港府多次擔任要職（如勞工處副處長）。1985 年，升任新界政務署署長。因其專注研究香港鄉村歷史，對港府治理新界甚有幫助，且表現傑出，1986 年獲港府頒授帝國服務勳章，1987 年退休。自退休後，與妻子黃超媛女士寓居澳洲悉尼。1992 年，獲頒香港大學名譽文學博士學位，以表揚其對香港文化的貢獻。2008 年，香港科技大學授予榮譽院士名銜。2023 年 7 月，於悉尼與世長辭，享年 92 歲。

我與許博士相識於 1979 年，博士還是荃灣理民官兼市鎮專員。當時於妻子陪下到其荃灣辦公室，旨於請教有關長洲發現的古碑銘事。雖然彼此互不相識，惟博士竟不嫌冒昧，相約見面之餘，後且常作學術交流。我不時利用午膳時間，到其辦公室共進午餐，並討論深港文化風俗。亦有於假日到其麥當勞道的寓所，研看典籍資料。間有結伴出遊，於青衣島上尋訪明代陳氏古墓，深圳考察南頭城、赤灣南山煙墪、固戍古村，路經龍崗、坪山一帶的客家村莊，並與深圳博物館楊耀林總館長等人論學。我田野及鄉村考察的知識，實多得博士的指導。博士雖為外籍人士，惟對中國華南文化風俗甚感興趣，且有深厚認識，對本港歷史及文化研究，貢獻良多。

1987 年，博士因愛妻眼疾，而提早退休。退休後，博士伉儷寓居澳洲悉尼，惟仍常回香港，居於尖沙咀九龍眼鏡公司好友關先生家。回港期間，常於各大學及博物館作專題學術演講。若適逢其生日，我們夫婦亦有幸受邀，為其壽宴座上客，其樂融融。我們亦前往悉尼，探訪博士伉儷，偶亦有同遊訪悉尼名勝。

直至 2000 年代初，博士因自身腳疾受困、愛妻眼疾日趨嚴重，亦漸少回港。2019 至 2023 年 COVID-19 疫情嚴竣，各地交通受阻，大家未能相聚，只能以電郵互通，惟已得知博士身體健

許舒（前方坐椅者）與筆者（後方左一）合照

康日漸欠佳。2023 年通關後，我們夫婦於 6 月往悉尼探親，順道探望博士伉儷，見面時，博士精神頗佳，仍能彼此對答，暢談往事。道別時，博士緊握我手，流露依依之情。料不到 3 天後接獲噩耗，博士因體弱而於睡眠中辭世。遽失摯友，我萬分傷感，惟幸能趕及見其一面，且念其於夢中安詳辭世，實乃福有攸歸。

博士關於香港歷史之著作甚多，著者包括：

1. *The Hong Kong Region 1850–1911: Institutions and Leadership in Town and Countryside* (Archon Book, 1977, reprinted by Hong Kong University Press, 2012)
2. *The Rural Communities of Hong Kong: Studies and Themes* (Hong Kong Oxford University Press, 1983)
3. *Tsuen Wan: Growth of a New Town and its People* (Hong Kong Oxford University Press, 1993)（中譯本：《蒼海桑田話荃灣》）
4. *Friends and Teachers: Hong Kong and its People 1953–87* (Hong Kong University Press, 1996)
5. *South China Village Culture* (Hong Kong Oxford University Press, 2001)
6. *The Great Difference: Hong Kong's New Territories and its People, 1898–2004* (Hong Kong University Press, 2006)（中譯本：《新界百年史》）
7. 許博士所輯廣東宗族契據彙錄

區家發

區家發，抗日名將蔡廷鍇（1892–1968）外甥，1932 年生於廣東省羅定市羅鏡鎮石淇灣村。1953 年畢業於華南師範學院（今華南師範大學）歷史系，隨即保送往北京大學，與麥英豪等人參加全國第二期考古班，接受專業訓練，其後考獲考古專業資格。1955 年，被委任為廣東省文化局首任文物工作隊隊長，幾年間踏遍整個廣東省，往各地進行考古發掘工作。

1957 年，南遷香港定居，初任山寨毛織廠記帳員，其後相繼任職建築工人、小販、燒臘師傅及茶樓股東。其後獲聘為香港海洋公園集古村顧問時，負責創建一間以中國歷史文化為題材的展覽館，內容以生動活潑的形式，推介各朝代的政治、經濟及文化，達致歷史融於教育，從而增加群眾參與的趣味性，結果大受好評。1986 年，港府於屯門龍鼓灘湧浪地區的新石器時代遺址展開考古發掘，區先生隨中國考古學家安志敏教授（1924–2005）前往參觀，期間認識一位香港考古學會會員，被介紹加入香港考古學會。

區先生加入的香港考古學會，在 1967 年 3 月 21 日成立，主力推廣考古、研究香港考古和保護香港考古文物和遺蹟。首任會長為香港總督戴麟趾爵士（David Trench, 1915–1988），繼任會長為馮秉芬爵士（1911–2002），而首任委員會主席為戴維時博士。該會不定期推出《香港考古學會會刊》，1968 年第一期出版，成為當時唯一在香港出版的考古刊物。

自加入香港考古學會後，區先生投入香港考古事業，發揮所長，回饋社會。為此更放棄其茶樓生意，一心投入考古事業。1991 至 2000 年間，在香港考古方面獲得顯著成果：先於 1991 年大灣遺址 6 號墓發現牙璋和 18 年串飾，1995 年大埔碗窰調查，1998 年下白坑的吳家園和陳家園大房子的夯土房基遺址等各項發掘工作，皆奠定了香港考古的基礎，其中大埔碗窰青花瓷窰遺址更有機會成為香港申請世界遺產的重要項目。

1991 至 2000 年，獲港府委任為古物諮詢委員會成員，後來擔任香港中文大學中國考古藝術研究中心研究員。再後被聘為康樂文化事務署歷史（考古）顧問，亦獲選為香港考古學會主席。區先生的考古工作，使香港考古進入新時代：特別是發掘大嶼山石壁東灣遺址上，原初由秦維廉（William Meacham）主持發掘，隨後認定遺址已無考古價值而放棄。惟經區先生主持再發掘，一下挖出幾個文化層，從中提出了文化間歇層和灶前灰坑的觀點。

區先生窮一生精力，積極參與田野發掘工作，亦經常發表論文和發掘報告。於 2004 年出版著作《粵港考古與發現》，書中提出不少與眾不同的觀點和見解，結集了他在內地和香港的主要考古成果。該書第一部分為考古論稿，第二部分為調查發掘報告，所發掘的遺址包括香港石壁東灣新石器時代遺址、香港南丫島大灣遺址、香港元朗下白泥吳家園沙丘遺址等。1997 年，獲港督頒發榮譽勳章，以表揚其對香港文化承傳所作出的重大貢獻。

區家發《粵港考古與發現》書影

田仲一成

田仲一成（たなか いっせい，1932–），日籍中國戲劇研究學者。生於日本東京都。1955 年畢業於東京大學法學部，1959 年再於東京大學研究生院人文科學研究科中國語言文學專業碩士畢業，1962 年於同系博士課程修滿學分後退學。其後擔任北海道大學文學部助教。1968 年轉任熊本大學法文學部講師，繼而升任副教授。1971 年獲日本中國學會賞。1972 年任東京大學東洋文化研究所助教授（即副教授），1981 年升任教授。1976 年，榮獲日本中國學會獎。1983 年以論文〈中国祭祀演劇研究〉，獲東京大學文學博士學位。1993 年退休，獲名譽教授銜，同年獲恩賜賞、日本學士院賞，繼而出任金澤大學文學部教授。1998 年轉任櫻花學園大學教授兼圖書館長，2000 年被選為日本學士院會員。2001 年任東洋文庫常務理事兼圖書部部長，至 2019 年退任，成為專任研究員，2007 年接受瑞寶重光章胸章。現時擔任日本學士院「中國文學研究」代表會員（院士）、東京大學名譽教授、東洋文庫理事兼圖書部部長。

田仲教授為戰後以東京大學為中心的最佳中國文學研究代言人，在中國戲劇史研究方面造詣很深，先後以日文、中文、英文發表及出版大量論著。其以中國戲劇史為研究方向，並質疑過往以宮廷、都市戲劇為主要對象的研究方法，從而出版了《中国祭祀演劇研究》（東京大学出版会，1981 年）、《中国演劇史》（東京大学出版会，1998 年）、《明清の戲曲》（創文社，2000 年）等重要著作，在中日學界產生巨大影響。

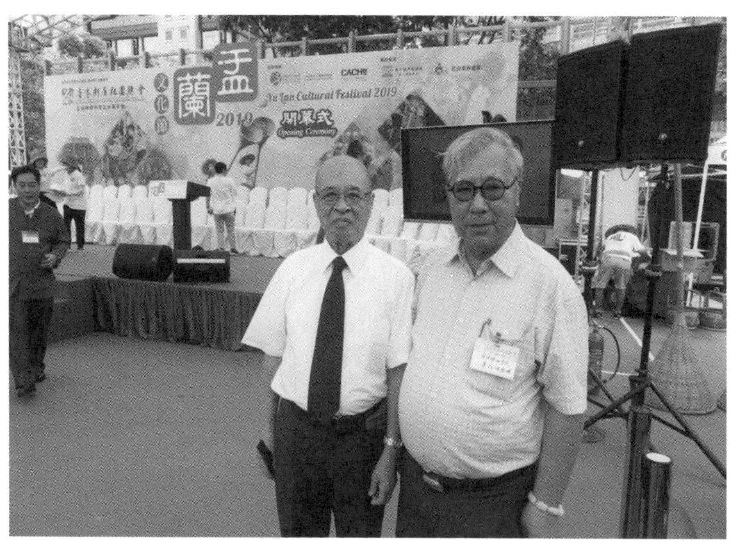

田仲一成（左）與筆者合照

為了深入研究傳統戲劇，田仲教授曾來香港作田野調查，從中了解到香港對傳統戲劇精髓的繼承。著作《中国の宗族と演劇》(東京大学出版会，1985 年；中譯本於 2019 年香港三聯書店出版）及《中国郷村祭祀研究学》(東京大学出版会，1989 年）主張以香港新界村落實地調查所得的新資料，與既有文獻相結合，突破傳統中國戲劇史研究方法上的局限。其從民俗角度研究戲劇的方法，為中國學界帶來一陣風。

至於《中国巫系演劇研究》(東京大学出版会，1993 年）及《中国鎮魂演劇研究》(東京大学出版会，2016 年)，亦充分闡釋了「從祭祀演劇看中國農村社會結構」的研究方法。從中國祭祀戲劇研究中國戲劇史的產生、發展和傳播進行研究，屢獲高度評價。

田仲一成《中國的宗族與演劇》中譯本（全二冊）書影

※附錄

大事年表（1839-1945）

1839 年

- 清廷委派林則徐為欽差大臣，前往廣州辦理禁煙事宜。
- 英國水兵在尖沙咀村毆斃村民林維喜，英廷拒絕交出兇嫌。
- 中英兩軍在九龍山、官涌一帶發生戰鬥。

1840 年

- 英國數十艘軍艦開抵廣州海面，進犯廈門、定海、天津。

1841 年

- 義律單方面宣佈《穿鼻草約》，但條約不為中英兩國政府承認。
- 羅馬天主教會在香港設立傳教區
- 據統計，港島人口有 7,450 人。

1842 年

- 英軍再度進犯鎮江，進逼南京，清廷被逼簽署《南京條約》。

1843 年

- 英國宣佈香港島受其殖民管治
- 英國女皇頒佈《英皇制誥》、《皇室訓令》。
- 首任港督砵甸乍履任

1844 年

- 第 2 任港督戴維斯履任
- 香港警隊成立

1847 年

- 九龍城寨建成
- 文武廟創建

1848 年

- 第 3 任港督般含履任

1849 年

- 聖公會教區在香港成立

1854 年

- 第 4 任港督寶靈履任
- 英法聯軍之役爆發，也稱為第二次鴉片戰爭。

1857 年

- 英法聯軍攻陷天津，直逼北京，清廷被逼簽署《天津條約》。
- 港府刊憲，將港島分為 9 個區。

1859 年

- 英國強租九龍半島南端尖沙咀

- 第 5 任港督夏喬士．羅便臣履任

1860 年

- 英法聯軍進犯北京，咸豐皇帝倉皇逃往熱河避暑山莊，清廷被逼簽署《北京條約》，將九龍半島南端割讓予英國。

1864 年

- 中區警署落成

1866 年

- 香港造幣廠正式運作。兩年後，因為虧損嚴重，正式停產。
- 第 6 任港督麥當奴履任

1867 年

- 團防局成立

1869 年

- 東華醫院成立

1872 年

- 第 7 任港督堅尼地履任

1877 年

- 第 8 任港督軒尼詩履任

1883 年

- 第 9 任港督寶雲履任

1884 年

- 孫中山入讀皇仁書院
- 香港賽馬會成立

1887 年

・第 10 任港督德輔履任

・孫中山入讀香港西醫書院。香港西醫書院於 1912 年併入香港大學。

1888 年

・港府頒佈《歐人住宅區保留條例》

1890 年

・楊衢雲、謝纘泰等人在百子里 1 號 2 樓成立輔仁文社。

1891 年

・第 11 任港督威廉・羅便臣履任

1894 年

・香港發生大規模的鼠疫，僅上環及太平山區染疫死亡人數超過 2,000 人。

1895 年

・興中會以中環士丹頓街 13 號乾亨行為總部

1896 年

・港府依據《第 8 號驅逐出境條例》將孫中山驅逐出境

1898 年

・第 12 任港督卜力履任

・清廷被逼簽署《展拓香港界址專條》，將九龍半島以北地域連同 200 多個離島租借予英國，為期 99 年。

1899 年

- 新界村民激烈反抗英國接管新界，在大埔林村跟英軍發生戰鬥。
- 中英兩國簽署《香港英新租界合同》

1904 年

- 第 13 任港督彌敦履任
- 港府頒佈《山頂區保留條例》

1907 年

- 第 14 任港督盧吉履任

1910 年

- 九廣鐵路正式開通

1912 年

- 第 15 任港督梅含理履任
- 香港大學成立

1914 年

- 立法局通過《特別後備警隊法案》

1919 年

- 第 16 任港督司徒拔履任

1922 年

- 立法局通過《禁婢新例草案》

1925 年

- 第 17 任港督金文泰履任
- 省港大罷工爆發，香港有 10 多萬工人響應。

1926 年

- 罷工委員會宣佈停止封鎖香港，省港大罷工結束。

1927 年

- 深水埗軍營建成，在日佔期間成為囚禁戰俘的集中營。

1930 年

- 第 18 任港督貝璐履任

1935 年

- 第 19 任港督郝德傑履任
- 立法局通過《外匯基金條例》，港幣與英鎊正式掛鈎。

1937 年

- 第 20 任港督羅富國履任

1939 年

- 立法局通過《戰鬥人員義務法令》
- 港府頒佈《基要商品儲備條例》

1941 年

- 第 21 任港督楊慕琦履任
- 11 月 16 日，兩營加拿大援兵抵達香港。
- 12 月 8 日，日軍戰機轟炸啟德機場。同時，駐守深圳的第 34 師團共 3 個聯隊越過深圳河進犯新界。
- 12 月 12 日，新界及九龍淪陷。
- 12 月 25 日，港島淪陷，港督楊慕琦渡海前往半島酒店向日軍投降。

1942 年

- 由中國共產黨指揮的廣東人民抗日遊擊總隊成立，不久改名為東江縱隊港九獨立大隊。
- 2 月 20 日，香港佔領地總督部成立，由磯谷廉介擔任總督。
- 據統計，7 月全港人口有 1,022,773 人。

1943 年

- 據統計，3 月全港人口有 967,868 人。

1944 年

- 12 月，田中久一接任香港佔領地總督。

1945 年

- 8 月 15 日，日皇裕仁宣佈日本無條件投降，香港重光。
- 8 月 30 日，夏慤少將率領英國艦隊接管香港並成立軍政府。
- 據統計，8 月全港人口有 600,000 人。
- 9 月，日本投降儀式在香港總督府舉行。

延伸閱讀書目

1. 丁新豹、盧淑櫻《非我族裔：戰前香港的外籍族群》，香港：三聯書店（香港）有限公司，2014 年。
2. 小林英夫、柴田善雅著，田泉、李璽、魏育芳譯《日本軍政下的香港》，香港：商務印書館（香港）有限公司，2016 年。
3. 小椋廣勝著，林超純譯《日據時期的香港簡史》，香港：商務印書館（香港）有限公司，2020 年。
4. 王賡武主編《香港史新編》增訂版，香港：三聯書店（香港）有限公司，2017 年。
5. 危丁明《仙蹤佛跡：香港民間信仰百年》，香港：三聯書店（香港）有限公司，2019 年。
6. 阮志《入境問禁：香港邊境禁區史》，香港：三聯書店（香港）有限公司，2014 年。

7. 周佳榮編著《香港紀要：近代文獻著作選》，香港：三聯書店（香港）有限公司，2020 年。

8. 周家建《濁世消磨：日治時期香港人的休閒生活》，香港：中華書局（香港）有限公司，2015 年。

9. 法蘭克・韋爾許（Frank Welsh）著，王皖強、黃亞紅譯《香港史：從鴉片戰爭到殖民終結》，香港：商務印書館（香港）有限公司，2015 年。

10, 邱逸、葉德平、劉嘉雯《圍城苦戰：保衛香港十八天》，香港：中華書局（香港）有限公司，2013 年。

11. 邱逸、葉德平《戰鬥在香港：抗日老兵的口述故事》，香港：中華書局（香港）有限公司，2014 年。

12. 姚穎嘉《群力勝天：戰前香港碼頭苦力與華人社區的管治》，香港：三聯書店（香港）有限公司，2015 年。

13. 夏思義（Patrick H. Hase）著，林立偉譯《被遺忘的六日戰爭：1899 年新界鄉民與英軍之戰》，香港：中華書局（香港）有限公司，2014 年。

14. 孫揚《國民政府對香港問題的處置（1937–1949）》，香港：三聯書店（香港）有限公司，2017 年。

15. 馬冠堯《車水馬龍：香港戰前陸上交通》，香港：三聯書店（香港）有限公司，2016 年。

16. 高馬可（John M. Carroll）著，林立偉譯《香港簡史：從殖民地至特別行政區》，香港：中華書局（香港）有限公司，2013 年。

17. 張瑞威《拆村：消逝的九龍村落》，香港：三聯書店（香港）有限公司，2013 年。
18. 莫世祥、陳紅《日落香江：香港對日作戰紀實》修訂版，香港：三聯書店（香港）有限公司，2015 年
19. 許舒（James Hayes）著，林立偉譯《新界百年史》，香港：中華書局（香港）有限公司，2016 年。
20. 馮邦彥《香港地產史 1841–2020》，香港：三聯書店（香港）有限公司，2021 年。
21. 馮邦彥《香港金融史 1841–2017》，香港：三聯書店（香港）有限公司，2017 年。
22. 馮邦彥《香港英資財團 1841–2019》，香港：三聯書店（香港）有限公司，2019 年。
23. 馮邦彥《香港華資財團 1841–2020》，香港：三聯書店（香港）有限公司，2020 年。
24. 黃競聰《簡明香港華人風俗史》，香港：三聯書店（香港）有限公司，2020 年。
25. 楊奇著，余非改編《香港淪陷大營救》，香港：三聯書店（香港）有限公司，2015 年。
26. 趙雨樂、鍾寶賢、李澤恩編註，梁英杰、高翔、樊敏麗譯《明治時期香港的日本人》，香港：三聯書店（香港）有限公司，2016 年。
27. 趙雨樂、鍾寶賢、李澤恩編註，梁英杰、高翔、樊敏麗譯《香港要覽（外三種）》，香港：三聯書店（香港）有限公司，2017 年。

28. 趙雨樂、鍾寶賢、李澤恩編註，王琪、張利軍譯《軍政下的香港：新生的大東亞核心》，香港：三聯書店（香港）有限公司，2020 年。

29. 劉智鵬主編《展拓界址：英治新界早期歷史探索》，香港：中華書局（香港）有限公司，2010 年。

30. 劉智鵬主編《潮起潮落：中英街記憶》增訂版，香港：和平圖書有限公司，2017 年。

31. 劉智鵬、丁新豹主編《日軍在港戰爭罪行：戰犯審判紀錄及其研究》，香港：中華書局（香港）有限公司，2015 年。

32. 劉智鵬、周家建《吞聲忍語：日治時期香港人的集體回憶》，香港：中華書局（香港）有限公司，2009 年。

33. 劉智鵬、劉蜀永編著《香港史：從遠古到九七》，香港：香港城市大學出版社，2019 年。

34. 劉蜀永主編《簡明香港史》第三版，香港：三聯書店（香港）有限公司，2016 年。

35. 劉潤和、高添強、周家建《昂船光影：從石匠島到軍事重地》，香港：三聯書店（香港）有限公司，2019 年。

36. 蔡榮芳《香港人之香港史 1841–1945》，香港：牛津大學出版社，2004 年。

37. 鄧開頌、陸曉敏主編《粵港關係史 1840–1984》，香港：麒麟書業有限公司，1997 年。

38. 魯金《九龍城寨簡史》，香港：三聯書店（香港）有限公司，2023 年。

39. 魯金《香港中區街道故事》，香港：三聯書店（香港）有限公司，2023 年。

40. 魯金《香港東區街道故事》，香港：三聯書店（香港）有限公司，2019 年。

41. 蕭國健《居有其所：香港傳統建築與風俗》，香港：三聯書店（香港）有限公司，2014 年。

42. 蕭國健《寨城印痕：九龍城歷史與古蹟》，香港：中華書局（香港）有限公司，2015 年。

43. 薩空了《香港淪陷日記》，香港：三聯書店（香港）有限公司，2016 年。

44. 鄺智文、蔡耀倫《孤獨前哨：太平洋戰爭中的香港戰役》，香港：天地圖書有限公司，2013 年。

45. 鄺智文、蔡耀倫《東方堡壘：香港軍事史 1840–1970》，香港：中華書局（香港）有限公司，2018 年。

46. 鄺智文《老兵不死：香港華籍英兵 1857–1997》增訂版，香港：三聯書店（香港）有限公司，2019 年。

47. 鄺智文《重光之路：日據香港與太平洋戰爭》，香港：天地圖書有限公司，2015 年。

48. 關禮雄《日佔時期的香港》增訂版，香港：三聯書店（香港）有限公司，2015 年。

49. 羅慧燕《藍天樹下：新界鄉村學校》，香港：三聯書店（香港）有限公司，2015 年。

蕭國健作品集

策劃編輯　梁偉基
責任編輯　許正旺
書籍設計　a_kun　陳朗思

書　　名　　篳路藍縷：香港近代簡史
著　　者　　蕭國健
出　　版　　三聯書店（香港）有限公司
　　　　　　香港北角英皇道四九九號北角工業大廈二十樓
香港發行　　香港聯合書刊物流有限公司
　　　　　　香港新界荃灣德士古道二二〇一二四八號十六樓
印　　刷　　美雅印刷製本有限公司
　　　　　　香港九龍觀塘榮業街六號四樓 A 室
版　　次　　二〇二四年一月香港第一版第一次印刷
規　　格　　大三十二開（140×210mm）三〇四面
國際書號　　ISBN 978-962-04-5388-5

Published & Printed in Hong Kong, China.